烏克蘭史

西方的梁山泊

王承宗——著

三民書局

二版序

　　本人在 2006 年承蒙三民書局邀約，撰寫《烏克蘭史——西方的梁山泊》一書；現今因為再版，稍稍做了修改。由於烏克蘭局勢劇變，不僅引起全球注意關切，甚至可能導致地緣格局變動或更激烈的衝突。2014 年俄羅斯併吞克里米亞半島和支持頓巴斯地區俄裔居民脫離烏克蘭獨立的舉動，造成烏克蘭與俄國之間關係惡化。2022 年 2 月 24 日，俄羅斯總統普丁下令俄軍侵入烏克蘭境內，引爆兩國間真正的戰爭。

　　自從 1991 年蘇聯解體後，俄烏關係變化多端，而且愈演愈烈。從地緣關係的視角來看，俄羅斯需要烏克蘭當作其與北約之間的緩衝地區，俄國不願直接面對北約勢力逼臨邊界。但是，基輔親西方的政治精英卻一直希望加入歐盟和北約，也堅信能夠得到西方大國的支持與援助，其目的在利用北約當作烏克蘭的「護身符」，緩解來自莫斯科的壓力。當然，非俄羅斯化（消除俄國影響，包括廢除俄語的官方語言地位、清除列寧雕像）的進程和活動，顯示烏國境內俄裔居民處境愈加困難（烏克蘭 2001 年約三成人口自認是俄羅斯族）。

　　從歷史視角看，烏克蘭大草原一向是東方遊牧民族和西方大國侵門踏戶必經之地。國內三分之二的土地屬於黑土，肥沃的土

地是往昔波蘭、俄國貴族們的農場,烏克蘭農民成為農奴、奴隸。二次大戰期間,烏克蘭成為蘇聯對抗納粹的戰場之一,和俄羅斯一樣,戰火所過皆是廢墟。蘇聯在戰後成立華沙集團,與北約相對峙。相對的,美國在二戰期間,大量的歐洲財富與人才逃到美國落戶,美國本土並未遭到戰火摧殘。因此教訓隱藏的意義,就是戰爭非本土化戰略(俗話說:死道友,不死貧道);冷戰期間和其後美國獨霸全球時,地區性的有限戰爭或代理戰爭是明顯可見的。烏克蘭就可能扮演代理戰爭的角色。

從烏克蘭的視角看,基輔政治菁英們親西方立場所獲得回報應該是失望的。蘇聯解體時,烏克蘭境內留存的蘇聯核武器,數量穩占世界第三位;烏克蘭自願廢除核武,從而取得美國默契式的保證:美國保障烏克蘭的安全,免於外來侵略。現今俄羅斯公然侵略,要求烏克蘭不得加入北約;而西方的態度卻僅於物資的援助,美國和北約的軍隊遂止步於東歐。

從西方視角看,俄羅斯仍舊是西方潛在的威脅;蘇聯解體後,西方暗中支持反俄羅斯的前蘇聯加盟共和國,或反俄勢力,包括俄國國內的政治經濟勢力。削弱俄羅斯實力或分化俄國,一直是西方的主要方向。不可否認的,俄國如果陷入烏克蘭泥沼,就會像當年蘇聯陷入阿富汗戰場十年,拖垮蘇聯經濟。美國和北約大國將十分樂意進行新的代理戰爭。當然,克里姆林宮不會不瞭解自身的處境,是灰頭土臉的立刻撤軍回家、或者繼續蠻幹下去,都有待事實證明。

從國際社會視角看,烏克蘭作為新興的獨立國家,往往會出

現身不由己、動輒得咎的處境；國際關係並非公平、平等的，天真的過度依賴某個國家或組織，對本國都是不可取的。俗話說，被賣了還幫他數錢。但是，小心謹慎和相互依賴的原則是必須的。總之，歷史殷鑑不遠，任何國家領導人與政治菁英、人民群眾都需要記取歷史教訓，學習歷史經驗。

王承宗

寫於 2022 年 3 月

自　序

　　承蒙三民書局委託撰寫《烏克蘭史——西方的梁山泊》一書，對筆者而言，是一項不小的挑戰；將烏克蘭千餘年繁雜史實簡化為約十萬字的通俗篇幅，如同武林高手需要由有招練至無招。1992 年筆者兩度遊訪烏克蘭，從基輔到雅爾達（克里米亞半島）；深刻感受當地民眾的熱情和友誼，以及烏克蘭美麗的風光景緻。在莫斯科遊學一年之際，也與烏克蘭族居民有所接觸。在俄羅斯人眼中，烏克蘭是一個偏遠的地方、是俄羅斯「帝國」或前蘇聯的邊陲地區；烏克蘭人則是俄羅斯人的遠方表親。對烏克蘭人來說，俄羅斯人是基輔公國分出去的子民、後裔，基輔是俄羅斯人的祖堂。

　　從比較嚴格的尺度審視烏克蘭歷史，除了基輔公國時代算是一個獨立自主的國家體系之外；從 1240 年蒙古攻克基輔之後，一直到 1991 年蘇聯解體、烏克蘭宣布獨立；其間漫長的七百多年時日，烏克蘭應該視為亡國時期。從封建制度觀察，基輔王公屬於外來的統治者，不是斯拉夫族或以後的烏克蘭族本土民族出身；但確實是「被邀請」的統治者，882 年諾夫哥羅德大公奧列格 (Oleg) 攻占基輔，擊斃原先統治基輔的瓦利亞格人阿斯科里德 (Askol'd) 和季爾 (Dir) 兩人；後兩名統治者也不是本土民族出身。

在立陶宛和波蘭統治期間，烏克蘭人民的地位是每況愈下，淪落為波蘭貴族的「農奴」和奴隸，與中世紀歐洲農民的處境不相上下。在異族高壓統治下，不願受迫害或遭到生命威脅的烏克蘭英雄好漢最後只有鋌而走險，被逼上「梁山泊」。這些落草為寇的好漢就是烏克蘭的「哥薩克人」，一群愛好自由、尊重平等，同時也是抵禦外敵侵犯的先鋒部隊。哥薩克的發展經過和建立「哥薩克國家」的傳奇，成為烏克蘭歷史的「光環」，烏克蘭可歌可泣的史詩。

在十八世紀末，西烏克蘭從波蘭轉手到奧匈帝國手中，直到第二次世界大戰前夕，才與俄羅斯統治的「德聶伯河烏克蘭」合併。西烏克蘭的民族復興運動在十九世紀獲得長足發展，儘管與東烏克蘭出現了明顯的文化、宗教信仰的差異，並未阻礙烏克蘭全族尋求統一的夙願。二十世紀的烏克蘭，基本是屬於蘇維埃體制；身為蘇聯的加盟共和國、俄羅斯的「小兄弟」；烏克蘭人民的命運和俄羅斯族是相同的，同樣躋身於共產黨統治下的「社會主義多民族監獄」。烏克蘭富農被鬥爭，黨員幹部被清算，異議分子下獄求刑。1985 年蘇共總書記戈巴契夫上臺後，開展的改革開放政策終於引爆蘇聯境內的民族獨立自主風潮，以及各地區的民主運動，最後導致蘇聯解體，烏克蘭趁機獲得獨立，並且得到世界各國的承認，成為國際社會的一員。

對於烏克蘭這個美麗的、新興的東歐大國，其未來發展遠景是可以期待的；雖然必須經過一段時日的、艱難的改革過渡時期。在此，寄予深切的祝福和祈願。

王承宗
寫於 2006 年秋

烏克蘭史
西方的梁山泊

目 次 | *Contents*

Ukraine

第 I 篇

古代羅斯

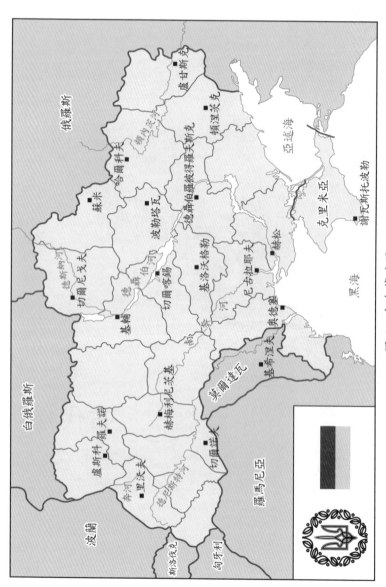

圖 1：烏克蘭地圖

烏克蘭地理、人文簡介

第一節　「烏克蘭」──偏遠的邊區

　　「烏克蘭」(Ukraine) 一詞源自於斯拉夫語，其意是指邊界地區或偏遠地方；在十二世紀至十五世紀之間，見諸於烏克蘭各地方諸侯（公爵）的文書，自稱是某某偏遠地方的人；這本是地方諸侯向基輔大公國 (the Kiev principality) 投書的自謙之辭，不過也可作為土地或鄉村的表示。

　　十六世紀，波蘭國會的紀錄中提到波多利亞 (Podolia) 為波多利亞烏克蘭 (Podolian Ukraina)，表示這是波多利亞邊界土地。哥薩克人興起並逐漸形成政治勢力後，哥薩克人自稱其統治地區是「烏克蘭，我們永恆的故土」、或「烏克蘭城市」，自稱為「烏克蘭人民」。烏克蘭從邊區地方或土地，轉變為「國家或民族」名稱，具有特別的政治意義。十八世紀，歐洲國家普遍將烏克蘭視為歐洲東部的一個地區（或國家、民族）名稱，並且也表現在地

圖記載。

烏克蘭另外一個稱呼，是「小俄羅斯」(Malorossiya, Little Russia)；最早源自於十四世紀時，教會人士稱加里西亞 (Galicia) 地區為小俄羅斯。1667 年，烏克蘭被俄羅斯和波蘭瓜分後，俄國將烏克蘭地區正式稱為「小俄羅斯」。不過蘇聯歷史學家並未使用「小俄羅斯」這種稱呼；而且現今烏克蘭也認為該稱呼是誣蔑與奴役的代名詞，不願重提歷史舊恨。

第二節　地理景觀

現在的烏克蘭，土地面積六十萬零三千七百平方公里，是歐洲第二大國，僅次於俄羅斯❶；人口約四千四百萬名。從東部邊界到西部邊界，烏克蘭橫長約一千三百公里；從北部邊界到南部邊界，縱長約九百公里。全國邊界總長度七千六百九十八公里，與各鄰國接壤的邊界長度分別是：俄羅斯二千四百八十四公里，莫爾達瓦 (Moldova) 一千二百二十二公里，白俄羅斯九百五十二公里，羅馬尼亞六百零八公里，波蘭四百五十二公里，匈牙利一百三十五公里，斯洛伐克九十八公里。海岸線長度一千七百五十

---

❶ 比較其他歐洲大國領土面積：第三大國是法國，五十五萬三千平方公里，六千五百萬人；其次是西班牙，五十萬零五千平方公里，四千七百萬人；德國是三十五萬七千平方公里，八千三百萬人；義大利三十萬零一千平方公里，六千萬人；大不列顛二十四萬四千平方公里，六千七百萬人。

八公里，其中黑海海岸占一千五百三十三公里，亞述海 (Sea of
Azov) 海岸長二百二十五公里❷。

　　烏克蘭本身屬於歐亞大平原的一部分，缺乏天然的地理屏障，
有史以來就是歐亞遊牧民族馳騁與侵略必經之地。其 95% 的土地
屬於平原、草原，高度不超過海平面五百公尺；只有西部邊區的
喀爾巴阡山脈 (the Carpathians) 和克里米亞半島南部地區屬於高
山地區。喀爾巴阡山脈在烏克蘭境內延伸長度約一百一十公里，
寬度約二百七十公里，最高峰霍維拉 (Hoverla) 海拔高度只有二千
零六十一公尺。克里米亞半島南部的最高峰羅曼科什 (Roman-
Kosh) 海拔高度只有一千五百四十五公尺。烏克蘭的河川大都平
緩通暢，利於舟船航行；從西部到東部，主要河川依序包括德尼
斯特 (the Dniester) 河、境內長度七百零五公里，南奔 (the
Southern Buh) 河、八百零六公里，德聶伯 (the Dnieper) 河、九百
八十一公里，烏克蘭最長河川；頓內茨（the Donets，頓河支流）
河、六百七十二公里。

　　氣候方面，烏克蘭屬於溫和大陸型氣候；只有克里米亞半島
南端是地中海型氣候。元月份平均溫度，以首都基輔為例，為攝
氏零下四‧一度；7 月份平均溫度為攝氏十九‧一度。平均雨量，
平原地區年雨量約三百至七百釐米，克里米亞山區約一千至一千
二百釐米，喀爾巴阡山地區超過一千五百釐米。

---

❷ 這是基輔國家大學的俄文網頁資料；不過與美國中央情報局所陳述數
　 據不同，此處以烏克蘭的數據為準。

　　烏克蘭三分之二的土地屬於腐植土，即俗稱的「黑土」；土壤肥沃、適於農作物生產。沙皇時代，已有歐洲穀倉之名；在第一次世界大戰前夕，烏克蘭的穀物播種面積占俄羅斯帝國的 90.5%，甜菜播種面積占 85%；當時俄羅斯帝國出口的穀物之中，36.2% 的小麥、54.8% 的大麥和 49.6% 的黑麥，來自烏克蘭 ❸。此外，烏克蘭的天然礦產包括鐵、煤、錳、天然氣、石油、鹽、硫磺、石墨、鈦、木材及其他。

第三節　人文景觀

　　烏克蘭目前的行政區域分作二十四個州，一個自治共和國（克里米亞共和國），二個直轄市（Kyiv，基輔、Sevastopol，謝瓦斯托波勒）。首都基輔人口約二百九十萬人。烏克蘭總人口在 2000 年約四千九百三十萬人，比 1990 年減少了一百六十五萬人；原因在於經濟情況惡劣，死亡率增加與人口老化；2021 年其平均壽命是七十一歲。烏克蘭的都市人口約占總人口的三分之二，都市化程度算是相當不錯；文盲基本是不存在，十五歲以上人口當中，

---

❸　引自《蘇維埃大百科全書》。該數據是有疑問的，官方的統計與事實明顯背離，因為烏克蘭的穀物播種面積占帝國的九成，而且屬於南方溫暖、肥沃的農耕地區；帝國的穀物出口事實上應該是完全從烏克蘭輸出的。沙俄時代，每年穀物生產量約四十至五十億普特（俄國舊制，一普特等於十六‧三八公斤）；在 1909–1913 年之間，平均每年出口穀物六億六千五百萬普特，占世界穀物出口總額的 26.1%。

圖 2：今日基輔

只有 2% 不識字；小學入學比例是 100%。

烏克蘭是多民族國家，烏克蘭族占總人口的 77.8%，為主要民族；其次是俄羅斯族，占 17.3%。其他少數民族人數都在五十萬人以下，占總人口比例低於 1%；包括猶太人、白俄羅斯人、莫爾達瓦人、保加利亞人、波蘭人、匈牙利人、羅馬尼亞人等等❹。因此，烏克蘭語和俄語為通行語言，烏克蘭語雖然是斯拉夫語系的一支，與俄語仍然有些差異；感覺上類似閩南語和客家語之別❺。

---

❹　該項種族比例是 2001 年 12 月人口普查的資料。

❺　從俄語和烏克蘭語翻譯成英語譯音時，會出現字母差異；例如首都基輔，俄語的譯音是 Kiev，烏克蘭語的譯音是 Kyiv。有些學者並未詳細究查引用文字、術語來源，因此可能造成音譯時的差異或困擾。主要因為過去是以俄語譯音為主，1991 年烏克蘭獨立後，以烏克蘭語為官

　　宗教信仰方面，除了西部地區民眾信奉天主教外，大部分民眾多信奉東正教；不過基輔總主教並不接受莫斯科東正教宗主教 (patriarch) 的節制，已經各自分立。其他宗教信仰人數 (包括基督教、猶太教和伊斯蘭教) 約占 5%。

　　方語文，開始採用烏克蘭語譯音，形成兩種譯音的混淆。筆者基本上採用俄文歷史材料和俄語譯音。

基輔公國時期
（879–1360 年）

第一節　基輔公國初期

一、基輔建城傳說

　　根據東正教佩切爾斯克寺院 (the Pecherska Laver Monastery) 僧侶涅斯托爾 (Nestor) 撰寫的《古代編年史》(*Chronicle of Bygone Years*)，波利安人三個兄弟，大哥名為基伊 (Kie)，二哥稱為謝克 (Shchek)，三哥稱為霍立夫 (Khoriv)，以及美麗動人的妹妹麗比德 (Lebid)；由於父母死於來自東方的侵略者，他們被迫逃到森林中避難，並且選擇德聶伯河岸邊七座小山定居。據說，他們建造城堡的時間是在 482 年的春季、5 月的最後一個週末；而且決定以大哥的名字為新城堡命名，稱為基輔 (Kiev)。

　　基輔建城的傳說，說明了當時斯拉夫族從喀爾巴阡山區向東方遷徙、移民的一個過程。根據俄國史學家克柳切夫斯基 (V. O.

圖 3：基輔建城者紀念雕塑

Klyuchevskiy) 的研究，認為喀爾巴阡山脈是斯拉夫人的共同老家，一部分人到了德聶伯河流域，被稱為波利安人。在四處遷移的時代，氏族聯盟仍然是東斯拉夫人主要生活方式，每個氏族都是聚族而居，住在自己的地方，統治著自己的氏族。但是殖民事業和遷移地區的特性，往往破壞了共同生活的舊習慣。東斯拉夫人在平原上分散時，主要是占據森林地帶；從德尼斯特河向東、沿著德聶伯河和頓河，整個區域是非常遼闊的地方，遍地都是森林和難以涉渡的沼澤；基輔本身就建立在這個大森林的南端。在森林裡，新來的移民從事打獵、養殖蜜蜂和農耕。當時斯拉夫移民在德聶伯河及其支流流域定居下來時，建造許多簡單設防的、單獨的農院，亦即獨家村。首先在基輔建造三個「獨家村」的三

兄弟，大哥基伊在後來史料記載裡被描述為王公、公爵；實際應該是氏族的族長。散居在森林中的東斯拉夫人屬於多神教信徒，崇拜自然物，包括天神、太陽神、雷電神等自然神祇；並且崇拜祖先，保持多妻制和搶婚的習俗。

二、外來的王公統治

在斯拉夫人居住地區當中，也散居著一些其他民族；同時在便於通商的河道之處，出現了商業城市，方便區域居民的交易以及對外貿易。根據編年史，在 862 年，諾夫哥羅德 (Novgorod) 的居民不久前將瓦利亞格人 (Varangian) 趕走，拒絕再向他們繳納貢稅。但是該城市卻陷入內訌，沒有法律、秩序，各氏族互相攻擊、爭吵；最後筋疲力盡的居民集會決定「為自己找一個王公，讓他們來統治我們，按照法典來判斷我們吧！」。諾夫哥羅德居民派遣使者「到海外」，找熟識的瓦利亞格人，找羅斯人 (Rusyn)，請他們之間願意的人來統治這片遼闊而無人管理的土地。使者說：「我們的土地大而豐富，但沒有秩序；請大公來統治我們」。有三個兄弟接受這個邀請，帶領自己的族人（意即率領本族的親兵）來了。這三兄弟就是留里克 (Ryurik)、西紐斯 (Sineus) 和土魯窩 (Truvor)。留里克的統治象徵了「羅斯」(Rus) 國家的開始。

按照史學家的研究，認為在九世紀前後，斯拉夫人受到外來民族的統治並向他們繳納貢稅。在東邊靠近哈札爾汗國的斯拉夫人，受到汗國保護和繳納貢稅。在西邊靠近瓦利亞格地區的斯拉夫人，則接受其保護和遵守繳交貢品的義務。而所謂的「瓦利亞

格人」，大概指的是居住在波羅的海地區的居民；如果不是指當時的諾曼人 (Normans)，就是西歐歷史所稱的維京人（Vikings，北歐的海盜）。這些「瓦利亞格人」從事洗劫與貿易；斯拉夫人「邀請」他們來統治的目的，就是「以夷制夷」之計，僱用海外王公來作戰、對抗外敵入侵。留里克和他的親兵隊統治的結果，自由的諾夫哥羅德地區變成瓦利亞格公國。

「羅斯」一詞的來源，成為歷史學者爭論不定的焦點。有的認為羅斯最早指的可能是留里克他們出身的部落名稱；有的認為源自德聶伯河支流羅斯河，當地的斯拉夫居民被稱為羅斯人。不過，「羅斯」在十世紀是指羅斯社會的上層階級，主要是指瓦利亞格人組成的王公親兵；進而成為國家領土的稱呼。

三、基輔公國的形成

留里克於 879 年去世，其親屬奧列格 (Oleg) 繼任為諾夫哥羅德大公；並開始南征，隨行的是留里克的幼小兒子伊戈爾 (Igor)。882 年奧列格攻占基輔，擊斃原先統治基輔的瓦利亞格人阿斯科里德 (Askol'd) 和季爾 (Dir) 兩人。以基輔為基地，奧列格繼續出兵征服鄰近地區，把東斯拉夫部落集結在自己統治下。在十一世紀初以前，所有的東斯拉夫部落都歸屬於基輔王公手下，同時部落的名稱愈來愈少出現，代之以主要城市為名的領區。城市領區成為基輔公國的行政劃分基礎，基輔大公派遣或任命總督、地方行政長官治理該區域；這些總督或長官都是基輔大公的親兵、或是大公自己的兒子和親戚。為了分別各城市統治者（也都稱為公

爵）與基輔大公的差別，在 907 年奧列格與希臘人（君士坦丁堡）簽訂的條約草案中，奧列格要求基輔、切爾尼戈夫 (Chernigov/Chernihiv)、佩列雅斯拉夫 (Pereyaslav/Pereiaslav)、波洛茨克 (Polatsk)、羅斯托夫 (Rostov)、柳別奇 (Lyubech) 和其他羅斯城市繳納「貢稅」，因為統治這個城市的是大公奧列格。

　　奧列格於 912 年死亡，伊戈爾（912–945 年在位）繼承基輔大公職位；新任大公據說比較缺乏勇氣和智慧，而且自私貪婪。伊戈爾兩度遠征裏海和外高加索地區，企圖將之列入版圖。941 年伊戈爾的軍隊侵擾小亞細亞沿岸，與拜占庭直接衝突，但以兵敗告終。944 年和拜占庭達成和解，雙方簽署和約，恢復通商；但是君士坦丁堡並未給予羅斯商人免除關稅的權利，而且規定基輔大公需要提供軍事援助給對方。945 年，伊戈爾大公悲劇性的死亡，被德列夫利安人 (Drevlianians) 擊斃；因為伊戈爾和親兵隊到德列夫利安領地徵收貢稅後，在返回基輔途中，命令大部分親兵隊押解貢稅回去；自己又帶一小部分軍隊回到德列夫利安，企圖再度收取貢稅；結果被憤怒的德列夫利安人圍剿殺死。伊戈爾的遺孀奧麗嘉（Ol'ga，945–962 年在位）鑑於兒子仍然年幼，因此親自主政，成為女大公，給予德列夫利安人嚴厲懲罰和報復。同時修改徵收貢稅方式，設立徵稅機構和規則。奧麗嘉最大的歷史貢獻是接受基督教信仰，957 年前往君士坦丁堡受洗，成為基督教徒。回到基輔後，勸說兒子斯維托斯拉夫 (Sviatoslav) 受洗並未成功；因為親兵隊會嘲笑他。不過，基督教信仰逐漸在基輔散播，奧麗嘉就像「太陽升起前的朝霞」，成為斯拉夫人接受基督教

信仰的典範。

　　斯維托斯拉夫（964–972 年在位）被稱為「勇者」，是典型的軍人。即位後三年間，出兵征服窩瓦河和歐卡 (Oka) 河之間的維齊奇人（Viatichians，斯拉夫族）和芬蘭人 (Finns)；由於他們向哈札爾繳納貢稅，因此斯維托斯拉夫必須和哈札爾激烈作戰，才取得勝利。斯維托斯拉夫繼續南下擴張，擊敗窩瓦河流域的保加利亞人，將基輔羅斯的領域延伸至高加索山區。967 年，斯維托斯拉夫應拜占庭之託，前往協助清剿多瑙河區的保加利亞人；而且決定在該地建立佩雷雅斯拉維茨 (Pereiaslavets) 城堡，準備長期居留。同時，基輔羅斯的東南方出現新的敵人——佩切涅格人 (Pechenegs)；他們從草原地區攻擊哈札爾汗國，並且威脅到基輔的安全。基輔人民派遣代表要求斯維托斯拉夫大公自多瑙河區趕回來解圍，將佩切涅格人驅趕回草原地區。事後，大公想回到多瑙河區，對貴族表示希望住在佩雷雅斯拉維茨，「那裡位於我的土地的中間，從四方收取財物：從希臘人得到黃金、織品、葡萄酒、各種水果，從捷克人和匈牙利人收取白銀和馬匹，從羅斯收取毛皮、蜂蜜、蠟油和奴隸」。顯然，斯維托斯拉夫大公有意將版圖擴大到多瑙河流域，但其意圖不可能被拜占庭接受。970 年拜占庭皇帝決心將這位野心勃勃的鄰居趕回去，派遣大軍驅逐這位大公；雙方激戰結果，大公折損大量兵力，被迫返回基輔。但在 972 年春，返鄉途中，遇到佩切涅格人襲擊，斯維托斯拉夫大公陣亡。

　　在斯維托斯拉夫大公前往和保加利亞人作戰之前，就已安排長子雅羅波爾克 (Yaropolk) 代行基輔大公職務；次子奧列哥

(Oleg) 擔任德列夫利安地區的大公 ；幼子伏拉季米爾 (Vladimir)
派任諾夫哥羅德大公，由於尚未成年，其舅舅杜布寧 (Dobryn') 陪
同赴任。雅羅波爾克（972-980 年在位）在其父親死後，企圖統
治羅斯全國；發兵攻擊自己的弟弟，977 年奧列哥被謀殺，伏拉
季米爾逃亡到波羅的海；980 年，伏拉季米爾偕同僱用的瓦利亞
格傭兵，奪回諾夫哥羅德，並且南下進兵基輔，殺死雅羅波爾克
大公；自己成為新任基輔大公，統治羅斯全國。

四、基輔公國初期的政治社會

在十世紀末以前的基輔，特別是奧列格於 882 年入主基輔之
後的一百年；可以說是基輔羅斯形成時期，在喀爾巴阡山脈以東
地區建立新的國家。其居民主要是自喀爾巴阡山脈向東遷徙的斯
拉夫人，但是在九、十世紀之間，這塊土地的統治者卻是由波羅
的海地區邀請來的、或是不請自來的「瓦利亞格人」。這些外來的
統治者和其部屬（親兵隊）成為基輔羅斯的上層社會；各個城市
的商人同樣屬於相同階層，因為商人本來就是瓦利亞格人。他們
的共同名稱是「羅斯」，主要是從事戰爭和經商，在這個時期，他
們沒有自己的村莊和農地，還不具有地主身分。下層社會是由向
羅斯（統治者、大公和親兵隊或行政管理者）繳納貢稅的斯拉夫
人所構成，他們主要是從事農耕、畜牧和打獵等生計。當然，奴
隸和家僕都屬於下層社會的一部分，奴隸的來源大多是戰爭劫掠
的結果。

根據《羅斯法典》(*Russkaya Pravda*) ❶ ，當時社會有兩種分

法：政治的和經濟的。在政治上，人按照其對王公的關係分為兩個階級，一個是服役等級、一個是非服役等級，亦即武士和老百姓（普通人）。武士直接為大公當差，組成他的親兵隊，是享受特權的軍事、行政階層。大公透過他們管理、統治國家，抵抗外患。普通人，自由的老百姓則向大公繳稅，組成納稅階層，包括城市和鄉村的自由人。奴僕、奴隸則是為私人服務的非自由人；以及在農地耕作的僱農，屬於半自由的人，實際上淪為農奴的地位，因為地主有權力懲罰自己的僱農，並且有義務為犯了竊盜罪的僱農代繳罰金（以罰款代替監禁刑期）。

　　大公的統治並非具有絕對權威，要知道，留里克最早進入諾夫哥羅德是應邀的、外來的統治者；各主要大城市內部存在著「長老會議」（Vech，維契）或「人民大會」，不過長老會議一般只在緊急狀況發生時才會召開。大公的主要職責是維持對外安全和保護領土、免於外來侵略。大公執行對外政策、與其他城市的大公和國家推動關係，簽訂條約和締結聯盟，宣布戰爭與簽署和約。大公是軍事組織者和領袖，招募與建立親兵隊，任命行政長官。其親兵隊組織按照千人、百人、十人編排組成，並且以千夫長、百夫長、十夫長作為部隊指揮官，平時則是行政官員。大公也是法官、立法者和行政首長。

---

❶　《羅斯法典》據說是智者雅羅斯拉夫（Yaroslav the Wise，1019–1054年在位）下令編輯的，法典收集十一、十二世紀基輔公國的法令、規則，直接反映當時社會結構和關係。

　　大公的主要收入來源，來自居民的貢稅、司法審判（罰金）所得、貿易關稅及自身產業的進帳。親兵隊受僱於大公，並領取大公給予的薪俸，類似現代的傭兵制度，與大公的關係係基於個人契約、相互信任與尊重。當各城市的大公更動其「統治」地區時，親兵隊人員，特別是高級幹部，不一定必須跟隨大公到另一個城市任職。不過，高級的親兵領導人——等同於大貴族身分，組成大公的參議機構——杜馬 (Duma)，或者可稱為國務委員會，因為大公常和他們一起研究國內建設、軍事和法規問題。

　　大公的行政機構主要責任是收取貢稅。早期貢稅通常是繳納實物的，基本是毛皮（獸皮）；有的是繳納「木犁稅」，即農耕稅，以現金（外國流通錢幣）繳稅。收取貢稅的方式有二，一是由從屬部落把貢稅運送到基輔；二是出巡索貢，由大公到各部落直接徵收貢稅。根據十世紀中葉的記載，到了 11 月，羅斯王公們就「帶領所有的羅斯人」，即帶領自己的親兵，從基輔出發到各小城市去；在那裡吃喝整個冬天，到 4 月，德聶伯河的冰融化後，才下航回到基輔。羅斯人在船上載滿貨物（毛皮、蜂蜜、農產品和奴隸），在 6 月，各個城市的商船順河南下、出海到君士坦丁堡和其他希臘城市進行貿易。顯然，基輔大公和其他羅斯城市的統治者，一方面是統治者，另方面又是商人；對希臘的通商利益才是大公及其親兵隊重要財政來源。882 年奧列格攻占基輔時，就是以商人身分欺騙原先統治基輔的瓦利亞格人阿斯科里德和季爾，將之騙出基輔；派人對他們說：「我是商人，我們是從奧列格和伊戈爾王子那裡到希臘去的；到我們這裡來，到你們自己的同族人

這裡來罷」。

　　保護通商航道的安全（包括對抗遊牧民族對船隻的攻擊）、維護與希臘的貿易關係，成為大公的重要職責；甚至必要時，發動對君士坦丁堡的軍事行動，迫使拜占庭皇帝給予貿易優惠。最早記載，在 839 年羅斯人的使者到君士坦丁堡建立或恢復友好關係，即簽訂條約。860 年，基輔的統治者阿斯科里德曾襲擊君士坦丁堡，直抵城下，目的在要求恢復通商關係。

第二節　基輔公國興盛時代

一、聖伏拉季米爾

1.伏拉季米爾的功業

　　980 年伏拉季米爾 （Vladimir the Great，或稱 Volodymyr the Great）奪得基輔大公權位，到 1015 年去世；在位期間功勳顯著，被稱為偉大的大公。伏拉季米爾一開始向東方擴張領域，擊敗窩瓦河區的保加利亞人；並且向西攻取波蘭和立陶宛邊界部分領土。領土的擴張強化了基輔羅斯的內部凝聚力，在這段時間，基輔羅斯內部不再是各種斯拉夫部落分散居住的區域，而是以軍事、政治和商業中心為凝聚目標的新的政治體系；羅斯分為七個封邑(省區)，包括佩列雅斯拉夫、切爾尼戈夫、加里西亞－沃林 (Galicia -Volhynia)、波洛茨克、斯摩凌斯克 (Smolensk)、羅斯托夫－蘇茲達爾 (Rostov-Suzdal’) 和諾夫哥羅德。伏拉季米爾大公派遣自己的

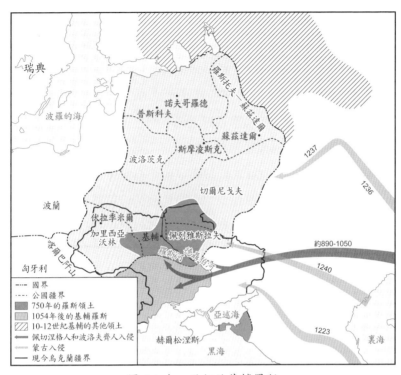

圖 4：十一世紀的基輔羅斯

兒子擔任封邑（省區）或大城市的全權代理人（或稱總督）：伊吉
史雷夫 (Izyaslav) 到波洛茨克，雅羅斯拉夫 (Yaroslav) 到諾夫哥羅
德，庶迪斯拉夫 (Sudislav) 到普斯科夫 (Pskov)，斯丹尼斯拉夫
(Stanislav) 到斯摩凌斯克，斯維亞托斯拉夫 (Svyatoslav) 到德列夫
利安人的居住區，敏思奇斯拉夫 (Mstislav) 到特姆塔喇干
(Tmutarakan')，包利斯 (Boris) 到羅斯托夫，格里布 (Gleb) 到慕龍
(Murom)；基輔大公則是整個羅斯國家的最高統治者。

2.接受基督教洗禮

　　987 年伏拉季米爾大公協助拜占庭鎮壓內部的叛亂，使拜占庭皇帝得以安坐在寶座上。當時本來許諾將瓦西里 (Vasiliy) 和康士坦丁 (Konstantin) 兩個皇帝的姊妹安娜 (Anna) 嫁給伏拉季米爾大公，事後又反悔。伏拉季米爾大公一怒之下攻占拜占庭在克里米亞半島的殖民地赫爾松涅斯 (Chersonesus)，迫使拜占庭皇帝履行協議或達成交易。990 年伏拉季米爾迎娶安娜公主回基輔；事件本身的政治意義是基輔羅斯（以及後來的俄羅斯）在羅馬帝國覆滅之後成為東羅馬帝國的繼承人；而且當時迎娶皇室之女，也大大提高基輔公國的國際地位和聲望。

　　但是迎娶的幕後協議可能包括伏拉季米爾大公必須受洗、接受基督教信仰；大公可能在 988–989 年間受洗。關於基輔羅斯接受基督教信仰的經過，根據編年史記載，在 983 年，基輔的異教徒曾經打死了信仰基督教的瓦利亞格人父子兩人，該事件給予大公深刻印象。伏拉季米爾大公開始思索改變宗教信仰問題，過去公國民眾大多數屬於多神教信徒，雖然基督教也在基輔羅斯傳播，但並未成為多數信仰和國教。據說有不少外國使節前往基輔大公的宮廷，企圖遊說大公接受新的信仰。伏拉季米爾決定派遣自己的親信到各國「取經」，去了解和體驗各種的宗教信仰。並且在親信考察返國後，召集貴族和長老會議，聽取他們的考察報告。其後伏拉季米爾改信基督教（希臘正教），並且與拜占庭皇室通婚。

　　伏拉季米爾更以行動證明其信仰的虔誠，大公在德聶伯河為人民舉行大規模的洗禮，在各地興建教堂；並且下令將大公收入

的十分之一撥給教會；同時為了傳教方便，廣為散發宗教書籍和
命令家道豐厚的家庭，必須給予子女識字教育。伏拉季米爾努力
推廣基督教和對教會的貢獻，使他和其祖母奧麗嘉後來被東正教
會晉封為聖徒，地位等同於十二使徒。

二、智者──雅羅斯拉夫大公

1.兄弟鬩牆

　　雅羅斯拉夫（1019–1054年在位）可以說是伏拉季米爾大公
所作事業的繼承者，無論在鞏固內部的統治權威或對抗外敵與擴
張疆土，以及宣揚基督教方面，都有相當成績。不過，雅羅斯拉
夫算是羅斯史上第一個反抗父親的「逆子」；當時他在諾夫哥羅德
收集三千格利夫納(hryvnia)❷的貢稅，其中二千格利夫納應該上
繳基輔大公，但是雅羅斯拉夫卻不願將貢稅交給自己的父親。伏
拉季米爾大公發怒之下，準備起兵教訓逆子。而雅羅斯拉夫聞訊
逃到瑞典避禍，並且召募傭兵準備與父親作戰。不料基輔大公卻
突然身故，免除一場戰爭危機。

　　1015年7月15日，伏拉季米爾大公死於基輔郊外的農莊；
長子斯維托波克（Svyatopolk，1015–1019年在位）收買基輔城區
民眾，承認其為繼位的大公。斯維托波克的出身比較複雜，據說
其母親原本是希臘的女修道士，雅羅波爾克（972–980年在位、

---

❷　格利夫納，古代貨幣單位，一格利夫納約等於四百零九‧五公克
　　(gramm) 的銀塊或棒型銀錠。

伏拉季米爾的哥哥）的妻子；在丈夫死後，被伏拉季米爾收留於身邊。傳說當時已懷孕，因此斯維托波克究竟是雅羅波爾克或伏拉季米爾的兒子並不清楚。伏拉季米爾在世時屬意由包利斯繼承基輔大公職位，因此死後，其身邊親信刻意隱瞞伏拉季米爾的死訊三天，希望包利斯能趕回基輔奔喪。不過包利斯遠赴邊區，與佩切涅格人爭戰，根本無法及時回來。而且斯維托波克派遣殺手，在靠近佩列雅斯拉夫省區的阿勒塔 (Al'ta) 河岸，殺死包利斯。新任大公的第二個弟弟格里布，在鄰近斯摩凌斯克的德聶伯河上遇害（前兩位都具有拜占庭皇室血緣關係）。接著是在德列夫利安的第三個弟弟斯維亞托斯拉夫，聽到警訊，立即逃往匈牙利；但是在喀爾巴阡山區被追上和擊斃。

　　雅羅斯拉夫並未知道父親的死訊，當時他帶領一批瓦利亞格人（顯然是從瑞典招募的傭兵）回到諾夫哥羅德，並安置於宮廷中。這些外來客開始胡作非為，激起民眾不滿並且聚眾打死一名傭兵。雅羅斯拉夫邀宴聚眾殺人的主謀到城外，並下令將之擊斃。次夜，雅羅斯拉夫接到其姊姊普列德斯拉娃 (Predslava) 派人送達父親的死訊和兄弟遇害的消息；即刻前往市民大會，對發生不當事件向諾夫哥羅德民眾表示抱歉，同時要求民眾給予協助。諾夫哥羅德民眾同意協助的原因，是考慮到減少向基輔大公繳納貢稅的負擔，而且也對基輔人一向擺著高姿態和歧視諾夫哥羅德人感到不滿。他們要求一旦成功，雅羅斯拉夫必須給予諾夫哥羅德優惠待遇，免除基輔大公對他們的直接管治，給予諾夫哥羅德自治地位。

　　1016 年雅羅斯拉夫率領一萬名諾夫哥羅德民兵出征討伐基輔大公斯維托波克，同時一千名瓦利亞格人在挪威公爵的兒子愛慕德 (Eymund) 領軍下參加爭戰。同年秋季，斯維托波克則帶領基輔民兵和佩切涅格人（遊牧民族兼傭兵）出城迎戰，雙方隔著德聶伯河對峙了三個多月。最後，雅羅斯拉夫在基輔內奸暗助下，發動夜襲，擊潰對方，攻入基輔城內。基輔大公斯維托波克逃到波蘭尋求其岳父波蘭國王巴列斯拉夫 (Boleslav) 援助。1018 年巴列斯拉夫率軍偕同女婿打回基輔，雅羅斯拉夫被迫逃回諾夫哥羅德。巴列斯拉夫奪得基輔之後，並不打算將之交給斯維托波克；而且波蘭人對待基輔民眾的態度，好像主人對待奴隸，激起基輔民眾的反感和抗爭。在斯維托波克默許下，基輔民眾開始在城內各地襲擊殺害波蘭人；波蘭國王巴列斯拉夫被迫逃回，但仍席捲基輔大公的財產和挾持普列德斯拉娃揚長而去。巴列斯拉夫同時也奪回切爾文斯克 (Chervensk) 地區的城市，原本被前基輔大公伏拉季米爾占領之地。

　　1019 年雅羅斯拉夫在諾夫哥羅德民眾協助下，按人頭向諾夫哥羅德人民徵收「人頭稅」，獲取僱用瓦利亞格傭兵的經費。斯維托波克則向佩切涅格人求助，顯然當時基輔民眾已經不願再幫助這位引狼入室的大公。根據編年史，當年某個星期五清晨，在包利斯遇害的地方，雙方人馬爆發血戰。斯維托波克被擊敗，然後逃亡，整個精神崩潰；甚至無法騎馬逃跑，被放在擔架上拖著跑，最後死在曠野。

　　雅羅斯拉夫入主基輔後，仍然需要和其他親族繼續鬥爭。

　　1021 年，波洛茨克大公布良奇斯拉夫（Bryachislav，雅羅斯拉夫的姪子、伊吉史雷夫的兒子）趁隙襲擊諾夫哥羅德，洗劫並擄獲大批俘虜。雅羅斯拉夫聞訊追趕，奪回財物和被俘虜的民眾。而後與之和解，雅羅斯拉夫更將維契斯特 (Vitebsk) 和烏斯維特 (Usvyat) 兩個地區讓給其姪子。1023 年雅羅斯拉夫開始和另一個兄弟特姆塔喇干大公敏思奇斯拉夫爭戰；雅羅斯拉夫僱用的瓦利亞格傭兵與敏思奇斯拉夫僱用的哈札爾傭兵發生激烈戰爭。敏思奇斯拉夫雖然獲得慘勝，卻無力進軍基輔；派遣了使者向逃到諾夫哥羅德的雅羅斯拉夫傳達信息，說：「你是長兄，就坐在基輔算了；不過讓我擁有德聶伯河左岸地區」。雙方形成以德聶伯河為分界，「共同」統治基輔羅斯的局面。敏思奇斯拉夫選定切爾尼戈夫為其首都，1031 年利用波蘭國王巴列斯拉夫的新繼承人軟弱無能之際，奪回切爾文斯克（後改名為加里西亞）。雅羅斯拉夫也從波蘭奪得不少俘虜，並將他們安置於羅斯 (Ros') 河沿岸地區。

　　1036 年，敏思奇斯拉夫去世，由於未有子嗣，其遺留產業和封邑被雅羅斯拉夫取得。除了波洛茨克一地之外，基輔大公雅羅斯拉夫成為羅斯全國的唯一統治者。1038 年雅羅斯拉夫派遣長子弗拉季米爾擔任諾夫哥羅德大公，1052 年弗拉季米爾死亡；改派次子依吉斯拉夫為諾夫哥羅德大公。此後，成為慣例，諾夫哥羅德大公由長子擔任，並且是基輔大公的當然繼承人。

2. 智者的功績

　　雅羅斯拉夫擴大羅斯領地；除了原先獲得的切爾文斯克，在1030 年征服並占有楚德人 (Chuds) 的土地。 1038 年和 1040 年兩

度征伐亞特維果人 (Yatvigians) 和立陶宛人 (Lithuanians)，強迫他
們繳納貢稅。不過，雅羅斯拉夫與希臘人（拜占庭帝國）的戰爭
就沒有成功。1043 年，他派遣長子弗拉季米爾和將軍維紗德
(Vyshate) 率領部隊攻擊拜占庭，船隊在途中遇到暴風雨並漂流到
對岸；拜占庭軍隊以逸待勞，包圍和俘獲六千名疲憊不堪的羅斯
軍隊。將軍維紗德和許多羅斯軍官都被挖掉眼球，成為瞎子。弗
拉季米爾在海上幸運擋住攻擊，逃回基輔。三年後，雙方簽署和
約：俘虜和瞎子都送回祖國，拜占庭皇帝康士坦丁莫諾馬赫
(Konstantin Monomakh) 將女兒嫁給雅羅斯拉夫的兒子扶謝沃洛
德 (Vsevolod)。

　　雅羅斯拉夫與外國的通婚不僅於此，他本人第二任妻子英吉
嘉 (Ingigard) 是瑞典國王奧樂福 (Olaf) 的女兒。雅羅斯拉夫自己的
女兒，安納思塔夏 (Anastasia) 下嫁匈牙利國王安德拉斯一世
(Andras I)，第二個女兒伊利紗白 (Elizabeth) 嫁給挪威國王哈洛德
(Harod the stern)，傳說新皇后對待國王是冷冰冰的。第三個女兒
安那嫁給法國國王亨利一世 (Henry I)。雅羅斯拉夫的兒子，依吉
斯拉夫娶了波蘭國王的女兒；另一個兒子斯維托史雷夫
(Sviatoslav) 娶了德國特里爾 (Trier) 主教的妹妹。這種皇室之間的
婚姻，使基輔羅斯成為歐洲知名的國家。

　　雅羅斯拉夫在位期間，持續宣揚基督教；與拜占庭的談判過
程中，成功說服君士坦丁堡宗主教同意派遣大主教到基輔管理羅
斯教會。1037 年首位大主教迪奧片多斯 (Theopemptos) 是希臘人，
前往基輔任職。雅羅斯拉夫同時大興土木，建造了具有守衛和紀

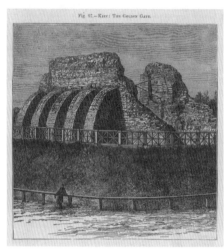

圖 5：黃金門　　　　　　圖 6：聖索非亞大教堂

念性的城門——黃金門 (the Golden Gate)；三座教堂——聖喬治
(St. George/Georgiy)、聖伊利娜 (St. Irene)（此三者現已不存在），
和最著名的聖索非亞 (St. Sophia) 大教堂。

3. 《羅斯法典》

　　雅羅斯拉夫大公被稱為「智者」，主要是認為他編輯了基輔羅
斯第一部法典——《羅斯法典》。法典究竟是不是雅羅斯拉夫下令
編纂的，或者是當時的修教士搜集撰寫，已經難以考察。不過法
典本身顯示十一、十二世紀，羅斯的社會、經濟概況，包括教會
的影響。法典中敘述有些案件應由教會負責審判：1.沒有罪行、
純屬罪孽性的案件，完全由教會審理；例如行使妖術、近親結婚
或夫妻協議離婚等；2.既是罪孽、也是罪行的案件，由王公的法
官審理，但有教會法官參加，處分方式包括向教會認罪和繳納罰

款給教會及王公法院，例如誘拐少女、通姦等；3.神職人員的犯罪則規定由教會自行審理，不過王公保留最後的干預權力。

法典中對於早期的「以牙還牙」的報復方式，即准許受害者親屬對迫害者施加相同程度的報復；在雅羅斯拉夫大公死後，發展為可以用金錢作為賠償，並訂出賠償標準。法典禁止高利貸行為，規定年息為三分之一；不過事實上並未完全遵守。法典也規範家庭內部問題處理原則和遺產繼承問題，包括丈夫犯罪，妻子的財產不會因此受連累；對於立遺囑的規範相當寬鬆，不限制男子生前所立遺囑需以親族為對象。

研究《羅斯法典》的學者認為，法典有各種不同的版本，可能是在不同時代、由不同的人員編制的「抄本」；因此有些判例前後是不相同的，同一罪行出現不同的判決。法典對資本的保護更勝於對人身的保護，例如商人貸款或賒貨經營買賣，如果由於自己的錯誤而破產，便可以被債權人出賣為奴。人的身體被當作有價商品，可以交換買賣（奴隸買賣）；甚至對傷害案件的判決，也多根據對受害者的勞動能力影響程度如何，處以罰款。

4.分配遺產

雅羅斯拉夫死前，將其統治的基輔羅斯領土分配給五個兒子，依吉斯拉夫獲得基輔、德列夫利安和諾夫哥羅德封邑；斯維托史雷夫獲得切爾尼戈夫、慕龍和特姆塔喇干；伊格爾 (Igor') 獲得伏拉季米爾－沃勒尼亞 (Vladimir-Volhynia)；扶謝沃洛德獲得佩列雅斯拉夫、羅斯托夫－蘇茲達爾；維契斯拉夫 (Vyacheslav) 獲得斯摩凌斯克。其餘的封邑或城市，仍然由過去的公爵親戚統治。

三、莫諾馬赫大公——基輔最後的明君

1.三公共治與內訌

　　1054 年 2 月 20 日，雅羅斯拉夫大公去世，安葬於聖索非亞大教堂。由於長子早已過世，由次子依吉斯拉夫（1054–1078 年在位）繼位為基輔大公，力圖擴展對其他兄弟封邑的控制權。1060 年伊格爾死亡，在伏拉季米爾－沃勒尼亞省（後稱加里西亞－沃林）的領地便歸基輔大公所有。1067 年波洛茨克大公扶謝斯拉夫 (Vseslav) 攻擊並洗劫諾夫哥羅德，為此雅羅斯拉夫的兒子們聯合出兵回擊扶謝斯拉夫，並將之俘虜下獄，其封邑併歸基輔大公。此後德聶伯河右岸所有土地，全歸基輔大公所有。基輔公國的統治權，在基輔大公依吉斯拉夫登基之初，是由大公和其他兩名弟弟——斯維托史雷夫和扶謝沃洛德共享，組成三人政府；共同出兵對抗外敵，共同決定並發布立法，禁止流血報仇，改以賠款、罰款代替（賠款歸受害者所有、罰款歸王公法庭收入）。

　　十一世紀中葉，羅斯南疆出現新的遊牧民族波洛夫齊人（Polovtsians 或 Cumans，古曼人或 Kipchaks，欽察人），並且不時侵犯羅斯領域。1068 年基輔大公出兵抵抗波洛夫齊人的入侵，結果兵敗逃回基輔。基輔民眾召開「長老會議」（維契），派遣代表向依吉斯拉夫大公說明，要求大公重整軍備，以便再度出擊。但是依吉斯拉夫大公已經嚇壞了，聽不進市民的勸告。憤怒的民眾集結在大公的庭院，和大公發生爭吵。一部分群眾跑到監獄，將關在裡面的波洛茨克大公扶謝斯拉夫釋放出來。受驚嚇的依吉

斯拉夫大公逃出城外，憤怒的群眾大肆破壞大公的宮廷，扶謝斯拉夫被群眾推舉為基輔大公。不過，扶謝斯拉夫只作了七個月的基輔大公；當次年依吉斯拉夫率領波蘭軍隊奪回基輔大公寶座時，扶謝斯拉夫奔逃無蹤。

　　1073 年已故雅羅斯拉夫大公自己的兒子發生內訌，三公共治的局面破裂。斯維托史雷夫和扶謝沃洛德結盟，趕走長兄依吉斯拉夫，登上基輔大公寶座。依吉斯拉夫逃到西方，向日耳曼皇帝亨利四世和羅馬教宗喬治七世求援，未能成功。1076 年斯維托史雷夫死亡，依吉斯拉夫在波蘭協助下返回基輔；1077 年與弟弟扶謝沃洛德達成和解。但是，1078 年依吉斯拉夫大公在與其他公爵親戚的內戰中陣亡，其弟扶謝沃洛德（1078–1093 年在位）繼任為基輔大公。

2.盧貝奇會議

　　1093 年扶謝沃洛德去世，其兒子莫諾馬赫 (Vladimir Monomakh) 並未利用自己的地位爭取基輔大公寶座；反而起來支持前一任基輔大公依吉斯拉夫的兒子斯維托波克二世（Svyatopolk II，1093–1113 年在位）繼承之。但斯維托波克二世卻缺乏領導和管理能力，並且道德水準欠佳，甚至以昂貴價格售鹽予居民。其在位期間，親族間的內訌和波洛夫齊人的侵擾始終未能終止。1093 年 5 月，莫諾馬赫應新任基輔大公的請求，和自己的兄弟波思奇斯拉夫 (Postislav) 出兵，在斯土那 (Stugna) 河岸會合；共同對抗入侵的波洛夫齊人。結果三個公爵的部隊被各個擊破，波思奇斯拉夫溺斃於河中；波洛夫齊人大肆洗劫往基輔途

中的鄉村、城市。1094年斯維托波克二世為了遏止羅斯人民的災難，和波洛夫齊人簽署和約，並娶波洛夫齊汗王的女兒為妻。但並未能使波洛夫齊人停止侵略活動，自己的丈人仍舊四處洗劫。

1097年羅斯各地的公爵齊集於位於基輔北邊的小城鎮盧貝奇 (Liubech)。這些雅羅斯拉夫的子孫深刻譴責自己的罪行，由於親族間的戰爭，導致波洛夫齊人有機可乘、侵凌羅斯國土。與會大公都發誓並親吻十字架，表示決定保持先人分配給各人的封邑，不互相攻擊和侵占其他親族的封邑。如果有人攻擊他人，則全體應該出兵對抗主謀者。盧貝奇會議可以說是由莫諾馬赫主導的會議，主要目的在相互承認現有各公爵領地範圍，並且避免親族間的戰爭，以便共同對抗外來侵略。1100年在維奇契夫 (Vitichev) 舉行相同會議，藉以消除發生的衝突；並對部分領地重新作了分割。1103年在多洛布斯克 (Dolobsk) 召集王公會議，按照莫諾馬赫的提議，公爵們同意採取聯合出兵，並且打敗波洛夫齊人贏得燦爛的勝利。

3.莫諾馬赫入主基輔

1113年，斯維托波克二世死後，基輔民眾人心浮動，暴民洗劫猶太人住宅區並威脅要搗毀貴族宅邸、甚至修道院。基輔民眾堅持要求莫諾馬赫（1113–1125年在位）出任基輔大公的職位。莫諾馬赫可以說是基輔羅斯最後一位英明睿智的大公，立法規定民間貸款利息、禁止將因債務淪為奴隸的人當作百分之百的奴隸，擴大對民眾的司法保護，增修《羅斯法典》；他更全力維護羅斯領土的完整，聯合其他公爵抵抗外患。莫諾馬赫的時代是基輔羅斯

藝術和文化活動繁榮時期，在基輔和其他城市興建新的石造教堂，裝飾美麗的壁畫。

莫諾馬赫親自撰寫〈對子女的教導文〉，文中詳細描述自己的生活、出征和打獵的經過，告訴子女如何應付狀況。文中也告誡子女，不要嘲笑來訪的客人，應該親自動手做事，不要依賴官員和少年夥伴。要求子女應該自我反省和保護寡婦、孤兒與窮人，不應容許強者凌虐弱者，應該給予來訪客人飲食。教導文的用意在於教導自己的子女如何行事為人，如何以基督精神善待弱勢群眾，如何武裝自己和治理國家。

莫諾馬赫是拜占庭皇帝康士坦丁莫諾馬赫的外孫，其父母以外公的名作為自己兒子的名字；傳說，拜占庭皇帝曾送給基輔大公莫諾馬赫皇冠和披肩。數百年後，莫斯科公國的沙皇加冕時所戴皇冠，被稱為「莫諾馬赫的帽子」。莫諾馬赫在位期間雖然短暫，卻是基輔羅斯難得的太平時刻。

第三節　基輔公國的衰亡

基輔羅斯由盛而衰，最後亡於蒙古；其衰亡的原因包括：1.基輔作為政治、經濟中心的地位逐漸下跌；2.王公家族之間的內戰頻繁，破壞羅斯國家統一的形象和內涵；3.外患不斷，加上內亂不止；基輔公國難免滅亡命運。

一、內戰不止

　　莫諾馬赫於 1125 年去世，其兒子敏思奇史雷夫（Mstislav，1125–1132 年在位）繼承基輔大公職位。雖然敏思奇史雷夫算是強壯和能幹的人，但是羅斯國家已經逐漸沒落、衰敗。1132 年敏思奇史雷夫去世，基輔民眾邀請其弟弟雅羅波爾克二世（Yaropolk II，1132–1139 年在位）接任；王公親族之間的內訌再度點燃，形成基輔莫諾馬赫家族和切爾尼戈夫奧勒加（Oleg，斯維托史雷夫的兒子）家族之間的鬥爭。

　　1139 年雅羅波爾克二世死亡，切爾尼戈夫大公伏謝渥德（Vsevolod Ol'govich，1139–1146 年在位）立即占領基輔，成為基輔大公。1146 年，伏謝渥德在死前將基輔大公寶座交給自己的弟弟伊果爾 (Igor')，並且與基輔民眾相互發誓、親吻十字架。但很快地，基輔民眾邀請莫諾馬赫的孫子依吉斯拉夫二世（Izyaslav Mstislavich，1146–1149 年在位）出任基輔大公。伊果爾被拘禁在監獄裡，而後落髮為僧；第二年，依吉斯拉夫二世和切爾尼戈夫的公爵發生戰爭，激動的基輔民眾將不幸的伊果爾粉身碎骨。王公家族間的內訌蔓延到莫諾馬赫家族內部，莫諾馬赫的幼子尤里 (Yuriy Dolgorukiy)，原是蘇茲達爾的大公，基於年長者繼承的原則，要求繼承基輔大公的位置；開始與其姪子進行慘烈的戰爭。長期爭戰結果，是基輔大公的寶座經常換人；有時候一年內換了三個大公，有時候是一、二年就更換，有的大公先後坐上寶座好幾次。從 882 年奧列格占領基輔開始，到 1146 年，二百六十四年

之間，共有十七位先後擔任基輔大公；從 1146 年到 1246 年，一百年之間，共有二十四位大公輪流執政四十七次。

　　1169 年，羅斯托夫－蘇茲達爾大公安德列 (Andrey Yurievich Bogoliubskiy) 在對抗基輔大公敏思特史雷夫 (Mstislav Izyaslav) 的戰爭中，聯合其他十一個公爵的部隊攻下基輔，並且洗劫一番。但安德列卻不想親自到基輔，派遣自己的幼弟前往基輔任職。1203 年，斯摩凌斯克大公留利克 (Ryurik Rostislavich) 和切爾尼戈夫的公爵們，偕同波洛夫齊人，洗劫基輔。此後，基輔作為「羅斯眾城市之母」的政治意義愈來愈淡薄；而且經過多次洗劫，基輔的財富喪失了，經濟貿易的重要性也喪失了。1235 年，切爾尼戈夫公爵和波洛夫齊人再度洗劫基輔。1240 年 12 月 6 日，蒙古韃靼攻入基輔，對基輔的「生存」作最後的一擊。

　　基輔羅斯的統治者，包括國內各省區封邑的公爵（或總督），都源自於九世紀留里克的家族，從諾夫哥羅德出發和發跡。基輔大公在家族中的地位，屬於大家長性質，也就具有羅斯國家的最高統治者的意義。它的特點是：1.政權屬於整個王族共有、共享的，是集體所有的。2.個別王公（公爵）只是暫時管理某一個分配的領地（封邑），而不是永久占有。因此，按照慣例，基輔大公接任，其原有領地則按長幼順位，進行調動；年幼的親族從一個領地遷到另一個領地，從低的順位進到較高一級的順位。雅羅斯拉夫在位時，對於繼承問題擬定長幼次序即位的制度，基本上是兄終弟及的制度。但是這種制度很快就瓦解，因為到第三代、第四代就行不通了；一方面親族人數增加，領地不夠分配和輪流；

二方面當地城市可能不喜歡某個公爵，或自行邀請某一公爵前來任職，直接破壞順位與輪流方式。有些幼小或失去領地的公爵，直接被長輩排擠，根本無法參加親族會議。有的公爵能力很好，自行擴張領地，根本不理會順位制度。但是這種擴張，無疑造成親族間的內訌與戰爭；甚至為了戰勝，不惜僱用傭兵或邀請外國部隊參戰。發展的結果是羅斯王朝的分裂，以及國土的分裂；王公宗族之間的關係愈來愈疏遠，各地的王公分據領地或相互爭奪領地，包括奪取對方的財產和居民（虜之作為奴隸）。這種親族內戰，即已註定國家的衰亡。

　　1169 年，羅斯托夫－蘇茲達爾大公安德列對基輔的攻擊，本身即象徵羅斯國家分裂為烏克蘭和俄羅斯兩個不同的族群。蘇茲達爾公國，成為後來莫斯科公國的前身。由於不斷的內亂，各地民眾無法安於生計；逃難的民眾有的往西回流，進入加里西亞和波蘭。有的往羅斯東北邊區遷移，進入更深遠的森林避難，1147年開始出現一個莫斯科小城，其他城鎮也在十二世紀中葉逐漸形成，南來的移民顯然增強了蘇茲達爾公國的發展潛力。

二、外患頻繁

　　基輔羅斯自始即需要隨時對抗來自東方遊牧民族的侵襲，不過在前半時期，基輔大公和鄰近東方草原的省區，還能順利抵抗侵擾。1036 年雅羅斯拉夫大公曾經大敗佩切涅格人，羅斯草原獲得一段平靜日子。但是自 1061 年開始，新的草原鄰居波洛夫齊人不斷入侵羅斯邊區。此後約一個半世紀，基輔羅斯深受波洛夫齊

人的侵凌和劫掠。根據歷史記錄，這段時間，波洛夫齊人總共四十六次侵略羅斯，甚至數度兵臨基輔城外。1096 年 7 月波洛夫齊汗王博楊克 (Bonyak) 幾乎竄進基輔城，衝進佩切爾斯克修道院，洗劫並放火燒了寺院。羅斯對蠻族的任何安撫，都無法遏止波洛夫齊人的強盜行為，莫諾馬赫大公曾和他們訂過十九次和約，給予無數衣服和牛羊，包括通婚，但都沒有效果。在莫諾馬赫的兒子敏思奇史雷夫去世（1132 年）之前，羅斯尚能擊退敵人，有時還可以跟蹤追擊，深入草原。可是以後再也沒有人能夠抵禦遊牧民族的侵略，只能節節敗退。歷史學者認為由於內訌，削弱了羅斯抵抗外敵的能力；而且有時候更是引狼入室、參與內戰和劫掠。

　　內憂外患使基輔羅斯逐漸衰弱，自十二世紀中葉便顯露衰敗的現象。1159 年當時的基輔大公依吉斯拉夫準備攻擊加里西亞，要求其堂弟——切爾尼戈夫領地的公爵斯維托斯拉夫一齊出兵被拒；切爾尼戈夫公爵的答覆顯示他所分到的領地和另外七個城市，「都是空的，只剩下飼犬人和波洛夫齊人」，由此可以想像，遠在蒙古揮軍西進之前，基輔羅斯早已衰敗不堪。

第三章 │ *Chapter 3*

加里西亞—沃林公國

第一節　公國緣起

　　加里西亞—沃林公國被烏克蘭歷史學者當作基輔公國的延續，至於東北方的羅斯托夫—蘇茲達爾公國，算是大俄羅斯民族興起的區域。加里西亞—沃林在基輔西邊，與波蘭、匈牙利和後來的立陶宛接鄰，雖然不會像接鄰草原邊區的省份：基輔、佩列雅斯拉夫和切爾尼戈夫，經常遭到遊牧民族的侵襲；但也難免與西邊強鄰發生衝突和爭戰。加里西亞—沃林公國的歷史在基輔時代大概可分作三個階段。第一階段是 980–1199 年，從編年史提及該區域的地名，一直到 1199 年加里西亞和沃林兩個原本是分離的公爵領地，合併為一。第二階段是 1199–1237 年，指合併後努力維持國家內部的安定，俾能抵抗外來侵略，特別是西邊的鄰居。第三階段是從 1238–1349 年，開始於達尼洛 (Danylo) 統治的鼎盛時期，最後被波蘭和立陶宛兩個新興大國分割、失去獨立為止。

加里西亞－沃林的重要性在於它位於喀爾巴阡山脈東麓地區，富有森林資源和礦鹽；同時也是陸路通往中歐必經之地，重要的貿易通商道路。

981 年基輔大公伏拉季米爾與波蘭爭戰，奪取佩列米什 (Peremyshl’)、契爾文 (Cherven’) 和其他城鎮。事實反映了基輔大公擴張其領域的政策，與波蘭人爭奪沿著加里西亞和沃林邊界的城鎮〔例如：布列斯特 (Brest)、切勒姆 (Chelm)、霍勒姆 (Kholm)、契爾文、貝勒茲 (Belz)〕。此後一百年間，這些城鎮至少五度易手。這種邊界衝突留下無法解決的歷史爭論，羅斯傳統上認為這些邊區土地——加里西亞地區是東斯拉夫人移民區、是取回來的土地；波蘭歷史學者認為該區本是波蘭世代擁有之地，是被奪走的。

在雅羅斯拉夫大公生前，第五個兒子伊格爾獲得沃林領地，孫子羅斯奇斯拉夫 (Rostislav) 獲得加里西亞。當時沃林和基輔的大公都覬覦加里西亞，經常侵犯之；特別是伊格爾和其兒子大衛 (David)。1097 年盧貝奇會議，才承認羅斯公國內所分配各個領地的範圍不可侵犯，承認加里西亞和其他領地屬於羅斯奇斯拉夫的兒子瓦西柯 (Vosil’ko) 和沃洛達爾 (Volodar’) 所有。沃林屬於伊格爾的兒子大衛所有。但是加里西亞和沃林之間的爭戰還是無法停止，1098 年加里西亞兩位公爵沃洛達爾和瞎眼的瓦西柯出兵討伐大衛。為了報復瓦西柯被刺客弄瞎之事，沃林公爵大衛在圍城中，被迫同意交出兇手。同年基輔大公斯維托波克二世前往沃林，並占領之；此舉卻引起加里西亞公爵的同仇敵愾，出兵協助大衛抵

抗基輔大公。基輔大公斯維托波克二世雖然戰敗返回基輔，卻任命自己的兒子姆斯奇斯拉夫 (Mstislav Svyatopolkovich) 為沃林大公，吩咐另一個兒子耶羅斯拉夫 (Yaroslav Svyatopolkovich) 前往匈牙利，準備借兵攻擊加里西亞。沃洛達爾坐鎮在佩列米什，耶羅斯拉夫和匈牙利國王科羅曼 (Koloman) 帶領部隊攻下該城並俘虜沃洛達爾。大衛聞訊奔往波洛夫齊求助，幸運的，在半途遇到波洛夫齊汗王博楊克；得到波洛夫齊人援助，終於救出沃洛達爾公爵、趕走匈牙利人。1099 年 6 月，在激烈爭戰中，姆斯奇斯拉夫被利箭射死；基輔大公斯維托波克二世立即派遣自己的部隊增援，大衛再度敗逃，求助於波洛夫齊汗王博楊克，再回去奪回自己的領地和城鎮。

1100 年 8 月在莫諾馬赫提議下，再度召集羅斯王公會議；決定剝奪大衛在沃林的領地，重新分配布茲斯克 (Buzhsk) 和歐斯特羅 (Ostrog) 兩個城市給他作為交換，斯維托波克二世另外給大衛杜本 (Duben) 和查托里斯克 (Chartorisk) 作為補償。沃林公爵一職改由斯維托波克二世的兒子耶羅斯拉夫擔任。不過後來，耶羅斯拉夫攻擊加里西亞，讓繼任的基輔大公莫諾馬赫發火，將他趕走；派遣自己的兒子安德烈出任沃林統治者。耶羅斯拉夫聯合波蘭人、匈牙利人和捷克人 （應該是傭兵） 陰謀奪回沃林，但未成功；1123 年，反而被波蘭人殺害。

羅斯奇斯拉夫家族的沃洛達爾公爵 （1124–1153 年在位） 力爭使加里西亞成為獨立的公國 ， 其兒子葉羅斯拉夫 （Yaroslav Osmomysl'，1153–1187 年在位）擴大公國的影響範圍，沿著德尼

斯特河下達黑海。透過區域內河道的銜接，開啟從波羅的海地區
通往黑海、君士坦丁堡的貿易管道。在基輔公國飽受東邊波洛夫
齊人侵擾之際，加里西亞和沃林地區相對顯得較為安全和穩定。
而且，當基輔公國逐漸衰弱時，基輔大公無力過問兩個公國或派
遣嫡系子孫擔任其統治者，使加里西亞和沃林兩個公國比較可以
爭取到自己的獨立地位。

　　1189 年匈牙利國王在侵略加里西亞和沃林之餘，宣布自己是
兩地的國王。雖然匈牙利人無法長期進占兩地，但是匈牙利國王
身兼兩地統治者的頭銜，卻對未來發生影響。它給予匈牙利在下
一世紀向喀爾巴阡山擴張的口實，並且讓哈布斯堡 (Habsburg) 王
朝皇帝在 1772 年併吞加里西亞時，有一個合理的藉口。

第二節　公國內亂

　　1187 年，加里西亞公爵葉羅斯拉夫死後無人繼承，公國陷入
內亂；最後，1199 年，加里西亞的貴族（boyars，統治階層）決
定邀請沃林公爵羅曼（Roman Mstislavovich，1197–1205 年在位，
莫諾馬赫的子孫）擔任加里西亞統治者。羅曼是一名幹練的統治
者，兩個公國合併後，開始整肅、驅逐不聽話的貴族，並削減他
們的權力；增加人民的利益和福祉；對外則與波蘭結盟，以遏阻
匈牙利。羅曼的作為和公國合併後顯現的力量，使基輔大公害怕，
從而邀集其他公爵，組成聯軍攻擊羅曼。結果羅曼不僅擊敗敵人，
反而攻占基輔；不過羅曼並未入主基輔，只派遣將軍前往統治基

輔。1203 年，敗逃的前基輔大公留利克率同波洛夫齊人、以及羅斯王公的聯軍奪回基輔。羅曼與波蘭的結盟亦因而破裂，他在 1205 年陣亡於與波蘭的戰爭中。

羅曼死後，留下兩個兒子達尼洛和瓦西科（Vasil'ko 或稱瓦西利 Vasiliy），當時長子達尼洛只有四歲，根本不可能統治國家。公國的政權落在貴族手中，貴族蓄意將他們與群眾隔離，邀請其他的羅斯公爵前來擔任統治者，甚至自己擔任大公（1213–1214 年貴族巴亞林 Boyarin Vladislav）。同時匈牙利和波蘭都企圖染指該公國，匈牙利國王科羅曼在 1214–1219 年間占據公國大公寶座。為了對抗波、匈兩國的侵略（1219 年、1221 年、1227 年三次聯合攻擊加里西亞），貴族邀請明斯奇斯拉夫（Mstislav Udatnoy，在斯摩凌斯克分有一塊小領地，也是莫諾馬赫的子孫）前往加里西亞擔任大公，時為 1219–1228 年；新任大公明斯奇斯拉夫將自己的女兒許配給達尼洛為妻。達尼洛雖然 1223 年在羅斯對抗蒙古入侵的卡勒卡 (Kalka) 河戰役中，業已顯示其勇氣，但之後曾兩度（1230–1232 年和 1233–1235 年）企圖奪回政權未能成功。1229 年達尼洛奪回沃林，1238 年回到哈利奇 (Halych)，成功統一公國、恢復統治政權，開始公國最後階段的歷史。1239 年，達尼洛攻下基輔，派遣將軍迪米特利 (Dmitriy) 統治基輔，這位將軍後來成為守護基輔、對抗蒙古韃靼的英雄。

第三節　臣服蒙古與亡國

　　1241 年初蒙古韃靼迅速經由加里西亞，進侵波蘭和匈牙利。由於波、匈兩國被蒙古洗劫後，國力疲弱；達尼洛才能排除這兩個鄰國和立陶宛對公國的干預。達尼洛本人則被迫臣服於蒙古韃靼。「金帳汗國」(the Golden Horde/Zolotaya Orda，指蒙古韃靼在歐亞平原成立的政府，中國歷史稱欽察汗國) 的大汗拔都本來有意讓加里西亞－沃林公國成為蒙古面向西方的「緩衝國」或前驅陣地，1246 年命令達尼洛到汗國都城薩萊 (Sarai) 覲見以表示臣服，大汗同樣命令達尼洛為之搜集賦稅，但也表示承認他為公國統治者。達尼洛並未甘心順服，1253 年，梵諦岡考慮若支持達尼洛，可望將公國的信仰由東正教改變為天主教；因此允諾支持其反抗蒙古，並且授予皇冠。1254 年，達尼洛起而反抗蒙古韃靼，擊退蒙古的進攻；1259 年，蒙古再度進入加里西亞，達尼洛在無外援下，終於臣服，一切防衛陣地都被鏟除。

　　1264 年，達尼洛病死後，由其兒子列夫 (Lev，1264–1301 年在位) 繼承。列夫與蒙古韃靼妥協，並參加蒙古征戰波蘭的行列，擴大公國疆域，從匈牙利取得部分土地 (Transcarpathia，外喀爾巴阡山地區)。1292 年會同捷克國王攻擊波蘭，占有盧布林 (Lublin) 土地。但是在與立陶宛對抗時，卻導致與沃林公國的分裂。列夫的兒子由利 (Yuriy，1301–1315 年在位)，一度統一加里西亞與沃林，不過國力逐漸消退之際，在強鄰壓迫下，接連失

去外喀爾巴阡山地區和盧布林。由利大公自封為「羅斯國王」；而且君士坦丁堡東正教宗主教阿塔納希 (Atanasiy) 於 1303 年同意設立加里西亞主教區，大幅提高加里西亞的地位（表示加里西亞主教區和基輔教區地位相同）。由利死後，公國的繁榮時代終於結束；他的兩個兒子列夫二世和安德烈一世（1315–1323 年在位）共同統治加里西亞—沃林公國。兩位公爵最後雙雙陣亡於與蒙古韃靼的戰爭中。由莫諾馬赫（同時是基輔羅斯血脈）一脈延續下的統治王朝，至此終結。貴族會議選定兩位大公姊姊的兒子由利二世（Yuriy II Boleslav，1323–1340 年在位）為繼承人，為此並需由天主教改信東正教。由利二世死後，公國陷入混亂；立陶宛占領沃林，波蘭則攻入首都里沃夫（Livov，另譯為里夫）。經過數十年戰亂，1370–1387 年，加里西亞被匈牙利統治。1387 年之後，波蘭國王併吞加里西亞，成為波蘭的行政省區，努力將波蘭人和日耳曼人移民至該地，推行天主教信仰；將加里西亞土地分給波蘭貴族。波蘭統治加里西亞將近四百年之後，於 1772 年易主。

蒙古西征與統治

第一節　蒙古西征

　　十三世紀初蒙古❶遠征西方，鐵騎橫掃歐亞大陸，創造前所未有的大帝國。第一次西征（1219–1225 年）肇因於西域的花剌子模 (Khorazm) 國殺害蒙古商隊和使者。成吉思汗乃親率二十萬大軍西征，並且兵分數路，攻入中亞後，於 1220 年攻下花剌子模首都撒馬爾干，其國王西逃。成吉思汗命令速不臺和哲別追擊之，1222 年兩人率領的蒙古部隊通過高加索地區；當時喬治亞國王拉紗 (Georgiy Lasha) 企圖攻擊蒙古軍隊，反而遭到滅亡命運。蒙古

---

❶ 蒙古在唐代時稱為蒙兀，原居於今內蒙古東北的額爾古納河上游；後逐漸西遷，遊牧於今蒙古草原。十一、十二世紀時，蒙古草原上有許多部落，蒙古只是其中一個，不過以塔塔兒（韃靼）最為強大，所以外界通稱為塔塔兒。後蒙古族興起，蒙古一詞成為草原諸部落的統稱，具有種族和地理稱謂的意義。

人順利找到嚮導，為他們指出穿越達里陽 (Dar'yal') 峽谷（現為軍事道路）的路徑，由此進入庫班 (Kuban) 河上游，波洛夫齊人的後方。在該區域，蒙古軍隊先遇到阿蘭人 (Alans)，並發生戰爭，阿蘭人被迫逃之夭夭；隨後與波洛夫齊人展開激戰。蒙古部隊繼續沿著亞述海北岸西行，進入克里米亞半島。

一、卡勒卡河戰役

波洛夫齊人戰敗後，向基輔羅斯求援。1223 年春天，三位名字相同的羅斯公爵：第一位是基輔大公（名義上的羅斯國家最高統治者）敏思特史雷夫三世 (Mstyslav III)，第二位是加里西亞公國的統治者明斯奇斯拉夫，第三位是切爾尼戈夫公國的統治者敏斯奇斯拉夫。三位公爵（大公）各自率領親兵隊和軍隊出發，並且在靠近亞述海的卡勒卡河岸會合。5 月 31 日，三位羅斯南部地區的公爵和波洛夫齊人，首次與蒙古部隊作戰，羅斯方面蒙受慘重損失。羅斯與波洛夫齊人的部隊為數約八萬名，蒙古部隊約二萬名；雖然羅斯方面人數眾多，但是缺乏戰鬥和組織能力。加里西亞公國的明斯奇斯拉夫和「年輕的」達尼洛逃向德聶伯河，迅速跳到船上，順利逃離。切爾尼戈夫的公爵帶領殘軍逃向草原，被蒙古的鐵騎趕上殺死了。基輔大公將部隊部署在小山頭上，被蒙軍圍困，最後被迫投降、成為俘虜。蒙古部隊在勝戰後，班師回頭；但是在回程經過窩瓦 (Volga) 河下游時，碰到居住該區域的布爾加人 (Bulgars)，這些信奉伊斯蘭教的布爾加人突然襲擊路過的蒙古部隊，使蒙方遭到嚴重損失。

二、偉大的西征

　　1227 年，成吉思汗在滅亡西夏後去世，1229 年三子窩闊臺繼
承大汗寶座。1235 年在額嫩河畔，召開蒙古宗族會議，決定第二
次西征（1235–1242 年）。窩闊臺派遣其兄朮赤的兒子拔都率領五
十萬大軍出發。成吉思汗四個兒子的長子，其他「諸王」、駙馬、
萬戶、千戶等首要人物的長子也都隨軍西征，史稱「長子西征」。
這次西征，首先徹底滅亡花剌子模，殺死其繼位國王扎蘭丁。
1237 年冬，蒙古部隊已經抵達羅斯東北地區。很快地，蒙古部隊

圖 7：蒙古統治圖

陸續攻下該地區重要城市：梁贊 (Ryazan)、科洛納 (Kolomna)、莫斯科、伏拉季米爾 (Vladimir)、蘇茲達爾、雅羅斯拉夫、特維爾 (Tver')、闊斯特羅馬 (Kostroma) 和其他城鎮。1238 年春，在距離諾夫哥羅德一百公里時，蒙古部隊停止前進。諾夫哥羅德領邑內的城市托爾涿克 (Torzhok) 拒絕向蒙古人順服，被蒙古軍隊攻下，居民全遭殺害。蒙古軍隊轉向回到頓內茨河和頓河 (the Don) 之間的草原地區，該區是波洛夫齊人的故土。在蒙古部隊回程經過柯澤斯克 (Kozel'sk)，回憶到十五年前柯澤斯克的統治公爵曾和切爾尼戈夫的公爵一齊殺害蒙古使者；蒙古軍隊占領該城市七個星期之久，進行血腥報復。蒙古人在草原地區居留約二年半，準備進一步遠征東歐。1239 年夏季，蒙古部隊開始進擊羅斯南部地區──包括佩列雅斯拉夫、切爾尼戈夫和諾夫霍洛－西維斯基 (Novhorod-Sivers'kyi)。1239 年 10 月，切爾尼戈夫淪陷；蒙古由此密切觀察基輔羅斯在羅斯河（德聶伯河支流，流經基輔南部地區）沿岸的南方前線防衛體系。

　　1240 年 12 月，蒙古軍隊攻下基輔；繼續往西前進。一路軍隊往沃林的伏拉季米爾城，另一路往加里西亞的哈利奇城；攻占兩個城市後，在哈利奇的蒙軍，由拔都率領，越過喀爾巴阡山脈，進入匈牙利；在伏拉季米爾的蒙古部隊則進入波蘭，並且轉向南方、借道摩拉維亞 (Moravia) 進入匈牙利，和拔都會合。波洛夫齊汗科嘉 (Kotyan) 一路被追趕，逃到匈牙利避難；但是波洛夫齊人的到來並未受到匈牙利地主們（貴族）的歡迎，他們將科嘉汗擊斃。一部分波洛夫齊人輾轉逃到小亞細亞，另一部分留在匈牙

利，接受天主教。蒙古部隊在匈牙利逗留到 1242 年春天，在接獲蒙古大汗窩闊臺去世消息之後，拔都立即率領部隊趕回蒙古。回程路線經由多瑙河南岸，穿越烏克蘭南部草原（黑海和亞述海北邊）；1243 年，抵達窩瓦河下游時，拔都命令在河口附近薩萊建立行政中心（原來是拔都的臨時司令部），其後發展為欽察汗國的政治首都與商業中心；該年被認定為建立欽察汗國首年。

1253–1260 年，蒙古大汗蒙哥命令其弟旭烈兀率兵西征，此為第三次西征。主要目標是西南亞地區，包括伊朗、巴格達 (Baghdad)、大馬士革 (Damascus)。

第二節　四大汗國

除了元朝所屬中國、朝鮮領地外，在蒙古大帝國的廣泛定義下，還有四個汗國。成吉思汗第一次西征歸來時，就把所得到的領土分封給兒子。花剌子模和波洛夫齊（欽察）故地給了長子朮赤。後來朮赤次子拔都西征，取得新擴地域，以此建立「欽察汗國」，又稱金帳汗國；其版圖西到歐洲多瑙河下游，東到額爾濟斯河，北到貝加爾湖，南到高加索地區；即包括今之中亞、俄羅斯和烏克蘭等地區，與波蘭、匈牙利接壤。按中國史家定義，欽察汗國始於 1219 年成吉思汗分封之年；終於 1502 年，汗國被各地分立藩屬瓜分殆盡為止，第二個汗國是「察合臺汗國」，成吉思汗以西遼故地（今之新疆）封給次子察合臺。第三個是窩闊臺汗國，為乃蠻故居，位於額爾濟斯河上游和巴爾喀什湖以東地方；即今

新疆北部的阿爾泰山一帶。1310 年窩闊臺汗國被「察合臺汗國」
吞併。第四個汗國是伊兒汗國，成吉思汗將蒙古本土封給四子拖
雷。後來拖雷的兒子蒙哥、忽必烈先後就大汗位；另一個兒子旭
烈兀在第三次西征後，建立伊兒汗國，東自阿姆河，西瀕地中海，
北起高加索，南到印度洋；意即以波斯和小亞細亞為主要領域。
1388 年，伊兒汗國被帖木兒 (Timur) 所吞噬。

　　朮赤的統治區域分為 「金帳汗國」 和 「阿克汗國」 (Ak-
Order) 兩個。阿克汗國又稱白帳汗國，為朮赤原有的封地，為現
今之西伯利亞西部、哈薩克、錫爾河（Syrdar'ya，流入中亞阿拉
海 Aral' 的內陸河川） 盆地地區，由朮赤其他的兒子統治。欽察
汗國的中央省區主要在窩瓦河南部 （下游） 地區，從撒拉托夫
(Saratov) 到阿斯特拉罕 (Astrakhan)；拔都在靠近窩瓦河出海口（裏
海） 建立首都薩萊 （薩萊－拔都）。後來拔都的繼承人貝爾克汗
(Berke) 於窩瓦河上邊，比較接近頓河的地方，另建新都，也稱為
薩萊 （薩萊－貝爾克）。1256 年拔都去世，其子貝爾克汗（1257–
1266 年在位） 繼位 ； 其後的繼位汗王依序是 ： 蒙固鐵木兒
（Mengu-Timur，1266–1280 年在位）、土達蒙固 （Tuda-Mengu，
1280–1287 年在位）、土拉布加 （Tulabuga，1287–1291 年在位）、
托赫塔 （Tokhta，1291–1312 年在位）、烏茲別克 （Uzbek，1312–
1342 年在位）、札尼別克 （Dzhani-bek，1342–1357 年在位）。

　　貝爾克汗時期，欽察汗國與蒙古本土的關係逐漸疏遠，開始
認為自己是獨立的國家。蒙固鐵木兒汗更因為與蒙古大汗 （元帝
國）的爭執，拒絕聽從其指令，實質斷絕和蒙古本土的關係。在

烏茲別克汗與札尼別克汗時代，可謂是汗國武力最盛時代，1356年札尼別克汗奪取南部邊鄰呼拉吉多夫汗國（Hulagidov，伊朗境內的蒙古領地）、阿塞拜疆。烏茲別克汗時期，伊斯蘭教成為汗國普遍信仰的宗教，不僅是金帳汗國的統治階層，而且遍及其他領域內的遊牧民族。1357年札尼別克汗被謀害，所擴張領土失去了。別兒別迪繼位（1357–1359年在位）。其後，汗國陷入長期內戰，爆發權力鬥爭和宗族間的爭戰，先後共有二十五位汗王坐上寶座，包括四名從白帳汗國來的蒙古親戚。

1380年金帳汗國的臨時統治者馬買 (Mamai) 為了維護汗國的權益，向莫斯科出征，準備收取貢稅。9月8日，雙方在庫利科夫 (Kulikov) 對決作戰，結果馬買慘敗回去。脫脫迷失趁機整頓內部，結束宗族間的爭戰；於1382年重新出征莫斯科，當時莫斯科大公迪米特利 (Dimitriy Donskoy) 無力反擊，被迫再向韃靼繳納貢稅。

十四世紀下半，在中亞撒馬爾干的帖木兒崛起，也是蒙古人；在短期間建立龐大的帖木兒帝國，據有今之新疆、中亞、印度、伊朗等地。1395年帖木兒率軍攻擊窩瓦河下游，摧毀沿岸大小城市，包括薩萊一貝爾克；進而攻擊洗劫克里米亞半島和鄰近地區城市。帖木兒的攻擊與擴張，使金帳汗國國勢更為疲弱並且陷入四分五裂的狀態。在汗國領域，逐漸出現阿斯特拉罕、喀山 (Kazan)、克里米亞、西伯利亞和諾該 (Nogay) 汗國。

1409年也迪古 (Edigeem) 企圖恢復控制勢力，但未能成功占領莫斯科；1412年被迫逃亡到霍列茲 (Khorezm)。1480年阿赫眛德

（Akhmed，1459–1481 年）是最後一位企圖恢復對羅斯領地控制權的汗王，率兵前往索取貢稅。金帳汗國與莫斯科公國雙方人馬，對峙於烏格拉河（Ugra，位於今俄羅斯的斯摩凌斯克省）兩岸。據說，阿赫眛德要求莫斯科大公伊凡三世「若不能親自朝覲，可以派兒子來」，由於等待的波蘭盟軍遲遲未來，阿赫眛德在戰與不戰的兩難之下，竟然不戰而退。該年，在羅斯歷史記載，被認為是「韃靼之軛」終結之年，羅斯終於擺脫欽察汗國的控制與威嚇。

不過欽察汗國並未立即消失，而是分裂與延續。阿斯特拉罕汗國建立於 1450–1464 年汗國分裂之際；最後於 1556 年被俄羅斯吞併。喀山汗國建於 1436 年，於 1552 年被俄羅斯吞併。克里米亞汗國建於 1449 年，延續到 1783 年併入俄國。

第三節　蒙古對羅斯的統治

一般歷史學者都認定，蒙古對異族的統治十分嚴苛；當然，蒙古統治中原，將人種分為蒙古、色目（中亞、西洋人）、漢人（中國北方）和南人（中國南方），對待漢人和南方居民的態度顯然遠差於對待西洋人種。蒙古對於歐洲人和基輔公國的態度明顯是好過對待中國漢族。根據俄羅斯歷史學家顧米廖夫 (L. N. Gumilev) 的研究，當時蒙古人殺害俘虜，違反自己不殺俘虜的誓約；但是若從羅斯公爵殺死蒙古使者一事，蒙古的報仇，顯然也是正確的作為。顧米廖夫更指出，拔都西征動用的軍隊實際人數並不多，蒙軍渡過窩瓦河之後，便兵分數路前進；拔都行軍到梁

贊公國時，要求對方提供糧草、馬匹，並未考慮與梁贊公爵作戰；畢竟梁贊和蘇茲達爾、伏拉季米爾三個公國並未參加 1223 年的戰爭。但是梁贊大公拒絕，戰爭就無法避免了。顧米廖夫認為，蒙古軍很少對行經的城鎮任意施加破壞（除非是為了報仇，像對付柯澤斯克城）；而且在部隊開戰前，當地居民多已下鄉避難，一般人民傷亡人數顯然有限。有些城市，像烏格利奇 (Uglich)，其居民迅速和蒙古人找到共同語言，給予馬匹和糧食，拯救了自己的城市免於戰火；後來，沿著窩瓦河的城市幾乎都採取相同作法。而且在蒙古軍中，也發現參加蒙軍陣營的羅斯人，被匈牙利史籍記載為「最壞的基督徒」。

欽察汗國（金帳汗國）對羅斯的統治，基本上是間接統治，蒙古人並未直接管理羅斯的各種事務。每一位羅斯領域內的公爵，無論其公國是大是小、或強或弱，均需每年向薩萊繳納貢稅；而納稅後，薩萊對各公國是不作任何過問的。如果拒絕繳納和背叛，就會遭到汗國軍隊鎮壓侵略。本質上，基輔羅斯好像恢復到蒙古人來臨以前的狀態，「相同的公爵們統治相同的地區，相同的編年史保持在相同的中心（寺院），相同的敵人仍舊騷擾著西邊前線」。

蒙古人對羅斯宗教信仰的寬容更為特殊。蒙古人不僅保證教會繼續享有原來的一切權利，而且給予更多的優惠。教會土地和僧侶（包括其家人）豁免交納稅金，授予教會當局審判民事、以及教會人員和教民犯罪案件的權力。在蒙古時代，教會的地位繼續改善，財富繼續增加，而且最後能夠使羅斯國家完成「基督教化」。東正教的持續發展成為俄羅斯和烏克蘭日後走向統一國度的基本要素。

第 II 篇

哥薩克時代

立陶宛和波蘭統治時期
（1340–1648 年）

第一節　立陶宛的興起

　　立陶宛大公國的興起約在 1230 年代，當時一位公爵敏道嘉斯（Mindaugas，1219–1263 年在位）成功地統合立陶宛各部落和名為撒摩吉夏 (Samogitia) 的土地，成為一個封建國家。立陶宛人和其鄰居斯拉夫人是不同的，他們在史前時代就已經居住在波羅的海東岸的沼澤、森林地區，外人很難進入的區域。立陶宛人正好居住在羅斯文化圈子的外面，並且仍然保持異教徒信仰。基輔羅斯和立陶宛的接觸，開始於 983 年伏拉季米爾大公對抗立陶宛人和其他波羅的海部落的戰爭。不過，立陶宛的外來威脅不是來自東邊的基輔羅斯，而是來自西邊。1226 年，波蘭北部一位信奉天主教的公爵馬佐維亞 (Mazovia) 感受到鄰居——波羅的海部落的威脅；為此邀請從十字軍東征歸國的日耳曼騎士和其他冒險家，擴展他們對波羅的海野蠻部落的傳教使命。這些騎士先在波羅的

圖 8：敏道嘉斯

圖 9：位於維爾紐斯的立陶宛大公格迪米納斯雕像

海岸建立了「條頓汗國」(Teutonic Order，東普魯士)，1233 年他們沿著維斯杜拉 (Vistula) 河下游征服該區各部落；1270 年代他們消滅了「條頓汗國」東邊的大多數居民。此外，1202 年在波羅的海邊岸，另一個日耳曼騎士建立的 「立沃尼亞汗國」 (Livonian Order)，在 1237 年成為條頓騎士的分支。

　　由於立陶宛的北部和西部受到日耳曼騎士的包圍與威脅，促使立陶宛各部落統一於敏道嘉斯之手；並且進而向南邊和東邊擴張。而且這種擴張自然難免和基輔羅斯發生直接的衝突；首當其衝的是波洛茨克的公爵，其次是波蘭人，進而是加里西亞的大公達尼洛。1254 年，立陶宛大公敏道嘉斯與羅馬教宗談判，接受天主教信仰和教宗授予的皇冠；其改變信仰的目的可能是要緩和條頓騎士的敵意，並與他們取得和平協議，俾能全力南下；儘管立陶宛人民仍然是異教徒。 敏道嘉斯之後的繼承人 ： 特來甲尼斯 (Traidianis， 1270–1282 年在位)、維特尼斯 (Vitenis， 1293–

1316 年在位）和格迪米納斯（Gediminas，1316-1341 年在位），
繼續向外擴張並與條頓騎士、基輔公國作戰；特別是格迪米納斯，
可謂是第一位與金帳汗國直接接觸的立陶宛統治者。從十三世紀
下半到十四世紀中葉，立陶宛成功占領沃林、波洛茨克和土勞—
皮斯克（現今白俄羅斯）三個公國。在 1330 年代初，立陶宛統治
者曾經一度統治基輔，雖然是受到金帳汗國的監督（授權治理）。
但是，明顯的，格迪米納斯並不願意和他人分享對基輔羅斯的統
治權；這位立陶宛大公自稱是「立陶宛和羅斯的國王」。當然，不
只是立陶宛大公聲言其對羅斯國土擁有繼承權利，新起的莫斯科
大公也同樣表明其為合法的繼承人。

　　在金帳汗國衰退之際，立陶宛大公格迪米納斯的兩個兒子阿
吉達斯（Algirdas，1345-1377 年在位）和凱斯圖提斯（Kestutis，
1345-1382 年在位）共同統治立陶宛時，完成其父親征服羅斯的
遺志。1340 年代初，沃林完全落入立陶宛掌握下，其他羅斯境內
的大小公國也在 1350 年和 1360 年代逐一被立陶宛併吞。基輔和
佩列雅斯拉夫在 1362 年淪陷。除了加里西亞被波蘭占領外，基輔
羅斯在現今烏克蘭境內的領土，已經完全被立陶宛占有。

　　立陶宛能夠成功擴張的原因，不在於本身的能征善戰，而可
能是其占領政策發揮最大作用。立陶宛大公秉持的原則是：「我們
不引進任何新的（規則、法令），也不干預舊有的（規則、法
令）」。這種不改變占領區人民的生活習慣、舊有規章制度，讓人
民習於其所習慣的日常生活，是成功擴展其領土的主要原因。而
且立陶宛大公國也未曾企圖干擾東正教教會，並且許多立陶宛人

改信東正教。在占領基輔之後，立陶宛大公也曾試圖說服君士坦丁堡宗主教，使莫斯科的大主教席位轉回基輔。在不改變基輔羅斯的法律和社會結構時，立陶宛大公甚至決定採取「盧斯尼亞文」（Ruthenian，白俄羅斯版本的斯拉夫教會書寫文字，採用希臘字母）作為官方語言。由於這些政策獲得羅斯多數公爵的認同和接受，立陶宛大公國的正式國號改為「立陶宛、羅斯、撒摩吉夏大公國」。

第二節　立陶宛內訌與波蘭的關係

立陶宛大公國在十四世紀中葉，兄弟共治時期是國勢最強盛時代；1377 年阿吉達斯去世後，其兒子雅加拉（Jogaila，1377–1392 年在位）無法（不願意）與叔父凱斯圖提斯共同統治國家。1382 年雅加拉派人暗殺了凱斯圖提斯，凱斯圖提斯的兒子維濤塔斯 (Vytautas) 被迫逃到條頓汗國，尋求日耳曼騎士的協助。雅加拉擔心條頓騎士的侵略，便向中東歐地區的大國——波蘭求援。

波蘭與立陶宛的關係自此逐漸發展。首先當然需要先行了解波蘭內部的變化，及其對立陶宛和烏克蘭的影響。當時波蘭國王卡西米爾三世（Casimir III，1333–1370 年在位）曾經和匈牙利簽署聯盟協議，利用加里西亞－沃林公國衰敗之際，逐步侵蝕加里西亞，並且從立陶宛手中奪得與邊境相鄰的切勒姆－貝勒茲地區 (Chelm-Belz) 和波多利亞西部地區。卡西米爾三世死後並無男性繼承人，原先選定其姪子——匈牙利國王路易士一世（Louis I，

1342–1382 年在位）為繼承人。路易士一世對波蘭缺乏興趣，因此提議由他的三個女兒當中，在選擇未來丈夫時，可以考慮作為波蘭統治者。而且為此先與波蘭的貴族們會談。路易士一世在 1373 年和 1374 年在科錫（Kosice，匈牙利境內）兩度召集波蘭貴族，並且作出妥協和讓步，以獲得他們的支持。這些讓步的條件包括：1.廢除國王為了軍隊和戰爭，對貴族所課徵的額外稅捐。2.永遠豁免貴族繳稅義務。3.同意在波蘭省區的官方職位應該由該省區出身的貴族任職。4.同意只有波蘭人或非皇家血統的人員，才能出任長官（starosta，縣級主管）或二十三個重要城堡的總督。這些協議確立了波蘭的「君主民主」政體，也讓貴族掌控的國會 (Sejm) 扮演著決定性的角色。

　　路易士一世去世後，其年僅五歲的幼女雅維嘉 (Jadwiga) 將成為波蘭王后，但是波蘭貴族反對她和奧地利王子聯姻，導致發生 1380 年代的繼承危機。至此，立陶宛的雅加拉大公獲得機會。在雅維嘉母親的安排下，年僅十一歲的女兒嫁給三十七歲的立陶宛大公雅加拉。在 1385 年的「克列沃聯合協議」(the Union of Krewo) 裡，雅加拉成為波蘭國王，並且其本人和國家都將改為天主教信仰。新的波蘭國王名為伏拉迪斯拉夫二世（Wladyslaw II Jagiello，1386–1434 年在位），雅加拉入主波蘭，開創波蘭雅加拉王朝（1386–1572 年）的光輝歷史時代。在聯合協議談判過程中，波蘭貴族宣稱不僅是加里西亞，包括基輔羅斯的烏克蘭土地和白俄羅斯，都是波蘭的固有領土。新波蘭國王回到維爾紐斯（Vilnius，立陶宛首都），開始摧毀異教神像和進行集體受洗，改

信天主教。

　　但是立陶宛大公雅加拉（波蘭新國王）的作為引起立陶宛內部的反彈。維濤塔斯（1392–1430 年在位）率領反對勢力，反對立陶宛和波蘭的「聯合」（統一），1401 年雅加拉承認維濤塔斯為立陶宛的代理大公。因為在 1399 年波蘭王后雅維嘉去世，導致 1385 年的「克列沃聯合協議」自動失效，兩個國家的聯合不再具有法律效力；而且其堂兄弟維濤塔斯與條頓汗國的聯盟也已經破裂。波蘭和立陶宛的貴族共同重新擬定新的政治關係，在 1413 年簽署「霍羅德洛 (Horodlo) 協定」，正式承認維濤塔斯為終身的立陶宛大公，同意兩國未來政治關係將在定期協商和相互同意的基礎下決定之，但是協定也限制東正教信徒對國家行政的參與權利。

　　1440 年維濤塔斯死後，立陶宛與波蘭皇室的聯繫恢復了，前立陶宛大公雅加拉的兒子卡錫米爾茲 (Kazimierz Jogailovich) 被立陶宛貴族推舉為大公，並且在 1445 年成為波蘭國王❶，1471 年被選為捷克國王。卡錫米爾茲死後，長子歐爾布拉赫特 (Ian Ol'braht，1492–1501 年在位) 繼承波蘭王位；次子亞歷山大 (Aleksandr，1492–1506 年在位) 繼承立陶宛大公職位。另一個兒子福拉迪斯拉夫 (Wladyslaw) 在 1490 年成為波希米亞 (Bohemia) 和匈牙利國王。在 1490–1526 年雅加拉家族統治匈牙

---

❶　1444 年伏拉迪斯拉夫三世率領波蘭—匈牙利聯軍對抗土耳其侵略時，在黑海濱的瓦納 (Warna) 戰役犧牲。三世是原立陶宛大公雅加拉的另一個兒子，在 1440 年兼任匈牙利國王。三世死後，其兄弟立陶宛大公卡錫米爾茲才於 1445 年被推舉為波蘭國王。

利期間，也是該家族統治中歐最鼎盛時期。其統治地區從波羅的海延伸至黑海，從西里西亞 (Silesia) 邊界到莫斯科距離三百英里。其治下各民族，在西部和中部區域為波蘭人，北部包括立陶宛、拉脫維亞和愛沙尼亞人，還有普魯士的日耳曼人，在東部的烏克蘭人和白俄羅斯人，以及混居於東部的伊斯蘭教少數民族。

第三節　「盧布林統一協議」

在十四世紀末，烏克蘭南方出現新的國家——克里米亞汗國，本來是自金帳汗國分裂出來的國家；在 1475 年成為土耳其（Ottoman，奧圖曼帝國）的附庸。1485 年克里米亞汗孟格立 (Mengli Girey) 攻擊基輔，許多烏克蘭人被俘虜為奴隸。此後，克里米亞韃靼經常侵略烏克蘭和立陶宛；立陶宛開始尋求波蘭的援

圖 10：商談盧布林統一協議

助。同時，莫斯科公國的對外擴張，自然首先和立陶宛發生直接
衝突。1562 年莫斯科大公伊凡四世 (Ivan IV) 攻下波洛茨克。

　　波蘭國王齊格蒙一世（Zygmunt I，1506–1548 年在位）和齊
格蒙二世（Zygmunt II Augustus，1548–1572 年在位）仍都是立陶
宛大公兼任波蘭國王職位。1569 年波蘭和立陶宛雙方貴族在盧布
林談判，準備加強兩國之間實質關係，建立聯合王國。不過在談
判過程中，部分立陶宛貴族拒絕波蘭方面的建議，談判拖延數月
未決。最後是國王齊格蒙二世片面下令將有爭議的邊界領土波拉
奇亞 (Podlachia) 和較南方的烏克蘭居民區劃歸波蘭，成為波蘭行
政管理地區。這些波蘭新行政區包括：沃林、布拉茨拉夫

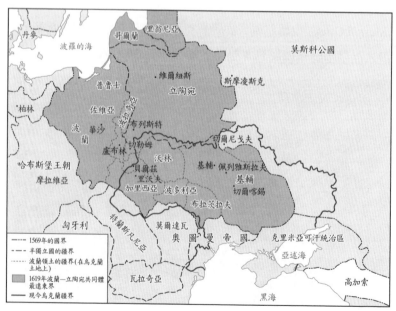

圖 11：1570 年的波蘭－立陶宛聯合王國

(Bratslav) 和基輔。根據 1569 年 7 月 1 日簽署的協議，波蘭和立
陶宛今後聯合為「共同的共和國」(common republic)，國王將由
雙方的國會選出。立陶宛仍然保留自己的軍隊、財政、法律和地
方行政。對外事務，則表現為單一國家的行為，其國家名稱是「波
蘭－立陶宛共同體」(the Polish-Lithuanian Commonwealth)。波蘭
和立陶宛的合併，直接衝擊到烏克蘭，原先被立陶宛占領統治的
烏克蘭土地，轉變為波蘭的領土，包括 1387 年波蘭早已占有的加
里西亞。烏克蘭實質成為波蘭的一部分，烏克蘭未來的命運，直
接受到波蘭的宰制與影響。

第四節　社會經濟概況

在立陶宛和波蘭統治時期，烏克蘭人民承受的命運和痛苦是
不太相同的。基輔羅斯時代，大部分的居民屬於農民，包括自耕
農或佃農、農奴，教會土地上的農民和貴族所屬農奴；到了基輔
羅斯末期，農民完全淪落為半農奴或農奴的狀況，依附於地主、
貴族和教會。立陶宛的統治並未改變這種狀況，信奉東正教的斯
拉夫農民仍然是社會的最低階級。

立陶宛大公雅加拉成為波蘭國王後，在 1387 年立陶宛的貴族
獲得和波蘭貴族同等的權利。1413 年的「霍羅德洛協定」，雙方
貴族結合為單一的社會上層階級，共同決定兩國關係和選舉國王。
對立陶宛貴族的稱呼「包雅爾」(boyar)，也改為稱呼「主人」
(lord)。1430 年代，立陶宛大公將貴族享有的特權同樣授予信仰

東正教的貴族。

　　1569 年「盧布林統一協議」使立陶宛和羅斯的地主,免除軍事和其他封建義務。地主從此融入貴族的行列,成為上層社會的一員。事實上,在十五世紀初,立陶宛的地主就擁有自己的地方議會;在十六世紀,進一步發展為地主代表組成的立陶宛國會「下院」。

　　立陶宛統治初期,對羅斯民眾仍舊採用《羅斯法典》作為習慣法和審判依據。1468 年立陶宛頒布自己的法典,其後經過三次修訂;1529 年第一次修訂強調國家和貴族的權利;第二次(1564–1566 年)和第三次(1588 年)逐漸強調地主的權利,並反映出農民地位的下降。

　　在波蘭,貴族與地主的勢力相當龐大;實際上可分為大地主和小地主兩種。1569 年在聯合王國內,估計約五十萬名貴族,占總人口的 6.6%;1648 年,貴族人數約一百萬人,占總人口的 9%,其中約五千到一萬名屬於大地主。貴族與地主越多,顯示農民的地位和生活更為艱苦。在 1495 年之後,波蘭國會陸續通過法律,限制農民離開其耕種的地區(禁止農民自由遷徙)。1518 年通過法律,法院不能接受非皇家所擁有土地相關問題的訴願;實際是容許地主任意剝削農民(農奴),而且地主片面實施義務勞動制,規定農民必須每週(或定期)撥出某些時間,免費為地主作勞動服務。1557 年,農民被剝奪土地的所有權,意即所有農民必須在貴族、地主的土地上終身勞動,成為農奴。雖然仍有少數在教會和皇家土地耕種的農民,遭遇比較好些。

　　波蘭的農奴制度是受到「采邑」（領主）發展的影響。烏克蘭也是在波蘭治下形成農奴制度。十六世紀下半，烏克蘭平均每一塊土地（采邑）（烏克蘭語 fil'varok）的規模約六十公頃，地主和其家人居住在土地的中心位置；約十五至二十個農奴家庭居住於該土地上。采邑或領地的來源：1.是貴族的封建領地，以及向農民徵收的土地；2.是屬於村所有的公共土地，被地主委派的村行政官所管理；3.是剝奪屬於農奴的土地。烏克蘭的土地約 70-80% 被大小地主所控制。農奴可以分配到一小塊自耕地，這是農奴家庭主要的生活和收入來源。農奴家庭成員一人或數人，每星期必須免費為地主提供勞動服務；在沃林地區，一星期約三到五天（有的甚至是四到六個工作日，或七個工作日），要看地主分配給農奴自耕地的大小。所謂勞動主要是耕種地主的農地（分配的農奴自耕地不在內），其收成當然完全歸地主所有。

　　波蘭成為穀物輸出國家，這種農奴制度扮演重要角色，提供地主可觀的財富。當時人口密度相當稀少，在波蘭西部地區，包括加里西亞每平方英里約三十六個居民（每平方公里約十四人）；在沃林、基輔和布拉茨拉夫，每平方英里低於八人（每平方公里約三人）。愈往烏克蘭東邊，人口愈稀少；但是從波蘭國王分封到土地的貴族、大地主，必須想辦法吸引農民到其領地耕種。例如1590 年基輔的公爵康斯坦丁 (Kostiantyn) 家族，在基輔和沃林地區擁有一千三百個村莊、一百個市鎮、四十個城堡和六百座教堂。在沃林地區，十三個貴族家族掌握 57% 的土地。為了開墾和耕種領地，這些有權有勢的大地主提供逃亡的農奴優惠條件，豁免其

地租和勞動義務長達十五至二十年，甚至三十年。大地主願意免費讓農民耕種，但可透過自己經營的磨坊（碾米廠）和製造販賣酒類收取利益。

第五節　教會勢力的消長

　　東正教大主教過去駐錫於基輔，稱為「基輔和全羅斯教區」的神職領袖；但是仍然受到君士坦丁堡宗主教的節制。1240 年代由於蒙古西征和基輔淪為廢墟，基輔大主教北遷到伏拉季米爾和莫斯科，1326 年以後，莫斯科成為基輔大主教永久駐地。1303 年宗主教同意在加里西亞首都哈利奇成立大主教區，其轄區包括哈利奇、伏拉季米爾－沃林、普列米思 (Przemysl)、路茨克 (Lutsk)、切勒姆和皮斯克－土勞 (Pinsk-Turau) 等城市地區（事實是當時加里西亞－沃林大公國領域）。1317 年立陶宛大公格迪米納斯要求君士坦丁堡在立陶宛領域內設立大主教區，並且新的大主教將駐錫於納瓦魯達克 (Navahrudak)。此項舉動引起駐錫於莫斯科的基輔大主教提出抗議，導致加里西亞和立陶宛的大主教區在 1328–1401 年之間存廢不定。

　　1415 年立陶宛大公維濤塔斯倡議立陶宛自己選舉基輔大主教，被選上的大主教名為桑布拉克 (Hryhorii Tsamblak，1415–1418 年任職)；由於莫斯科的基輔大主教抗議，君士坦丁堡宗主教並未承認立陶宛的「基輔大主教」。1439 年，莫斯科基輔大主教伊吉多爾 (Izydor，1436–1441 年任職) 陪同君士坦丁堡宗主教

出席弗羅倫斯 (Florence) 會議，會議簽訂了天主教和東正教統一
的協議。該協議激怒了莫斯科眾多主教和莫斯科統治者，伊吉多
爾被趕出莫斯科公國。1448 年莫斯科的主教們未經君士坦丁堡宗
主教的許可，選出自己的大主教；此舉象徵莫斯科教會走向最後
的獨立自主。

　　1458 年，在立陶宛和波蘭統治下的白俄羅斯、烏克蘭，開始
擁有君士坦丁堡宗主教批准的大主教，並且駐錫於納瓦魯達克。
立陶宛大主教的頭銜是「基輔、加里西亞和全體羅斯大主教」，其
轄區包括納瓦魯達克、維爾紐斯、皮斯克－土勞、明斯克、赫羅
那 (Hrodna)、斯路茨克 (Slutsk)、伏拉季米爾－布列斯特
(Volodymyr-Brest)、路茨克－歐斯特羅 (Lutsk-Ostroh)、切勒姆及
其他城市、省區。至此，過去的羅斯國土上，其東正教分裂為二；
一個在莫斯科，另一個在納瓦魯達克。同時，意味著在烏克蘭土
地上，烏克蘭不僅失去了國家主權，也喪失宗教、社會文化的領
導地位和權威。

　　烏克蘭西部，特別是加里西亞和沃林地區，日益受到天主教
的影響。1375 年在哈利奇和里沃夫設立天主教大主教區
(archbishopric)，推廣在烏克蘭西部的宗教活動。而且，1453 年奧
圖曼帝國的土耳其人攻占君士坦丁堡，東羅馬帝國宣告滅亡。君
士坦丁堡的東正教宗主教在伊斯蘭教包圍下，無力顧及外地、外
國的東正教事務。莫斯科大主教區開始接手原君士坦丁堡宗主教
的工作，雖然無法拯救外國地區東正教教會免於被其他宗教欺凌
或毀滅，但卻成為羅斯小地主、神職人員、城鎮人民、甚至是農

民（來自烏克蘭和白俄羅斯）的庇護所。不過，留在故居的烏克蘭地主、百姓，不可避免地遭到天主教和立陶宛、波蘭當局的壓力。尤其在 1569 年之後，波蘭將烏克蘭占領區劃分為與本國相同的行政區分，波蘭貴族在烏克蘭獲得大量土地，並大舉遷入烏克蘭領地居住；波蘭當局對占領地實施波蘭化（殖民化）和天主教化政策，企圖將烏克蘭同化之。

　　不少原來烏克蘭貴族（前羅斯各地的大小公爵家族）在前述狀況下，為了保護自己的特權和利益，不得不與統治者及天主教合作；成為天主教信徒，放棄原來的東正教信仰。當然，有些烏克蘭人民也反對波蘭的殖民化和天主教化政策，包括後來的哥薩克人。少數烏克蘭貴族更以實際行動支持東正教，例如華西利（Vasiliy-Konstantin Ostrozhskiy，1527–1608 年）公爵在沃林的歐斯特羅 (Ostroh) 設立烏克蘭文化中心（附設學校和印刷廠），出版歐斯特羅版本的《聖經》。不過，扮演保護東正教信仰和烏克蘭文化最主要角色的，仍舊屬於烏克蘭的小市民。他們組織「兄弟會」，從教會的聯繫發展為文化與傳教活動，和天主教及新教的機構（或教會學校）競爭。在里夫的兄弟會擴展其活動到社會、文化層面，成立貧病之家，照顧貧窮和疾病患者；發行出版刊物和建造印刷廠，1585 年進一步設立學校；里夫兄弟會成為各地兄弟會的先驅和榜樣。1615 年設立的「基輔神現兄弟會」(Bogoyavlenskoe bratstvo) 也具有重要作用。這些兄弟會組織獲得君士坦丁堡宗主教的支持，准許其發展、設立自治的教會（直接受宗主教管轄，不受各地主教的干預）。

　　1590 年，東正教會在伊帕契（Ipatiy Potii，於 1599 年被選為基輔大主教）和基里勒 (Kirill Terletsko) 兩位主教發動下，數位東正教主教發表公開信，表示願意承認梵諦岡教宗為最高領導權威。1594 年 12 月和 1595 年 6 月，這些主教再度表示立場，並且列出三十三條條款作為和天主教聯合的必要條件，獲得羅馬方面的贊同。1596 年 10 月，納瓦魯達克的基輔大主教和一些主教在布列斯特簽署聯合協議；聲明承認羅馬教宗為羅斯教會的唯一領導人，不再是君士坦丁堡東正教宗主教。但是東正教傳統的宗教禮儀和規範是不會作任何改變。參加聯合協議的東正教會 (the Orthodox-Uniate) 此後成為波蘭合法的教會，反對加入的東正教會成為非法教會；在波蘭統治下的烏克蘭東正教，自此分裂為兩個教派。不過聯合協議遭到各方面的質疑，羅馬天主教表示歡迎東正教會併入天主教，但羅馬教宗只表示考慮和了解「他們的請求與建議」，同時拒絕接受三十三條條款（併入天主教必須完全採用天主教的教規、禮儀）。反對和天主教聯合的一些東正教會，根本不承認布列斯特聯合協議的合法性，包括兄弟會在內。

　　從波蘭官方立場而言，如果能夠籠絡東正教於自己的陣營，可以減少烏克蘭東正教和其教徒向莫斯科靠攏的疑慮；特別是莫斯科公國的擴張已經和立陶宛、波蘭發生直接衝突與威脅。就事實言，天主教勢力的發展、傳播，特別是耶穌會和其所屬學校機構，加上羅馬教宗和波蘭政府的支持，對烏克蘭的東正教形成壓力，烏克蘭貴族和一些民眾紛紛改信天主教；也造成後來統一的烏克蘭國內西部和東部地區之間宗教文化的明顯差異。

第六章 | *Chapter 6*

早期的哥薩克

第一節　哥薩克的源起──西方的「梁山泊」

　　哥薩克（Cossack，烏克蘭語為 kozak）一詞源自於土耳其語的卡扎克 (kazak)，意思為「自由人」；這種人在社會中沒有適當的地位或生存空間，只有遁走沒有官方約束的草原。在歐洲的資料裡，最早出現於十三世紀中葉的古曼語 (the Cuman) 辭典 ❶。在拜占庭的資料和義大利城邦給予其黑海沿岸殖民地的訓令中，也提到哥薩克，其意義是指在前線地區服兵役，以及在草原中保護商旅車隊的武裝人員。在十五世紀末，哥薩克一詞有了更廣泛的含義，指稱在草原地區從事各種貿易、狩獵、捕魚、飼養蜜蜂、搜集食鹽和硝石等行業的烏克蘭人。1492 年 12 月立陶宛大公亞

---

❶ 古曼人為十世紀至十三世紀生活於烏克蘭草原地區的遊牧民族，經常侵犯基輔羅斯領地。

歷山大致韃靼汗（克里米亞汗國）孟格立的書信中，告訴對方已經下令處罰哥薩克人——自基輔和切爾喀錫 (Cherkasy) 出走的人民，罪名是他們打劫了土耳其的船隻。

在烏克蘭歷史中，哥薩克的活動與發展，占有重要地位。烏克蘭歷史學者認為哥薩克具體體現了烏克蘭人民愛好自由、獨立和民主生活方式的特點。不過，也有些歷史學者認為哥薩克雖然占了歷史重要的一頁，但是他們沒有能力創造高度的文明、建立國家，有的只是破壞、叛亂無常。

哥薩克並非某一種族或民族的稱呼，而是某種生活方式的稱呼。他們來自於當時社會各種階層和不同職業；有的是農民（農奴），有的是小市民，也有外國人。如果按照當時官方的看法，這些人都是犯了罪、逃避追捕，而藏身於草原的不法之徒。按照中國小說《水滸傳》的描述，他們都是被迫上了「梁山泊」的英雄好漢。

這些英雄好漢聚集於烏克蘭南部的草原地區，逐漸匯聚成群居團體，共同生活在一起，並且成為武裝分子。他們最喜歡打劫的對象是韃靼的商隊，甚至到伊斯蘭世界進行貿易（牲畜、皮毛和奴隸），偶爾會打劫鄰近地區的貿易城鎮。由於他們的生活方式，和對韃靼地區的劫掠，間接成為防衛烏克蘭南部邊疆的勇士，被視為是反抗韃靼的斯拉夫團體。有些哥薩克人居住地區發展為邊陲小鎮，立陶宛和波蘭當局就直接僱用哥薩克人，擔任邊界防衛部隊。1489 年開始，哥薩克人被僱用來攻擊韃靼的商隊和襲擊土耳其在克里米亞、巴爾幹半島地區的基地。

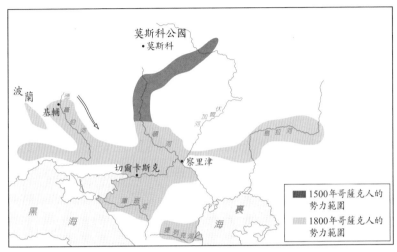

圖 12：哥薩克分布圖

　　烏克蘭的哥薩克發展史實具有三個特徵：一是他們在草原和黑海地區反抗韃靼和土耳其；二是參與烏克蘭人民反抗波蘭地主的社會經濟與民族宗教的迫害；三是在建立自主的烏克蘭國家扮演重要的角色。而哥薩克發展過程可分為三個時期，第一個時期是 1550–1648 年間，第二個時期是 1648–1775 年間，第三個時期是 1775–1917 年間；其中，比較重要和具有歷史、政治意義的是第二個時期。

第二節　1648 年以前的哥薩克

一、邊區社會

　　自 1240 年基輔淪陷於蒙古之後，烏克蘭的歷史重心轉移到西部的加里西亞和沃林兩個公國；隨後在十四世紀分別被立陶宛和波蘭併吞。歷經戰亂洗劫，烏克蘭成為波蘭－立陶宛聯合王國東部邊界外的荒野草原地區，也是聯合王國向東方移民墾殖的新地區。不過，向東擴展，勢必遭到克里米亞韃靼的威脅。

　　克里米亞汗國是在十五世紀蒙古金帳汗國（欽察汗國）沒落之後開始崛起的；當時金帳汗國分裂為三個汗國：喀山汗國沿著窩瓦河上游為其領地，克里米亞汗國則據有克里米亞半島和亞述海地區，阿斯特拉罕汗國占據窩瓦河下游地區，原有的金帳汗國在 1502 年宣告瓦解。每個汗國繼承金帳汗國的領地和向基輔羅斯各地區徵收貢稅的權利，喀山和阿斯特拉罕兩汗國向莫斯科公國收取貢稅，克里米亞汗國則向立陶宛收取。克里米亞汗國實際是占有現在烏克蘭地區的領地，但是承襲蒙古習慣，除了向代表該地區的統治王公——立陶宛大公徵收貢稅外，並不干預當地的政務和社會生活。在立陶宛統治地區之外的草原地區，名義上屬於波蘭－立陶宛聯合王國所屬，實際上是一個化外之區，王命不能布達。而且也是克里米亞韃靼經常劫掠的地區（按理說，如果已經繳納貢稅，就不應該洗劫；可能該草原地區非立陶宛大公代徵

貢稅地區——即立陶宛勢力範圍）。根據資料記載，1450–1586 年
之間，克里米亞韃靼侵襲基輔和布拉茨拉夫省區八十六次；1600–
1647 年間，侵襲七十次。平均每次被俘虜的斯拉夫人（烏克蘭
人）約三千名，最多一次曾多達三萬人。韃靼將俘虜送往奴隸市
場拍賣，這些奴隸成為奧圖曼帝國的奴隸和士兵。奧圖曼帝國在
1453 年攻占君士坦丁堡，取代東羅馬帝國，並且奧圖曼蘇丹宣稱
是金帳汗國的繼承人；克里米亞汗國淪為土耳其的附庸，克里米
亞韃靼人充當土耳其的士兵，負責保護奧圖曼帝國的北方邊界（烏
克蘭、莫爾達瓦沿黑海地區）。

　　與韃靼的威脅同時，波蘭治下的加里西亞和沃林，人口稠密、
生活不易，部分農民為了逃避地主的壓迫，潛逃前往草原地區謀
生。這些新殖民地區，土地掌握在波蘭貴族之手，他們為了吸引
農民前來耕種墾殖，願意給予某些優惠條件。十七世紀初期，基
輔省區的人口約三十五萬到四十萬人，貴族家庭數目約二千到二
千五百家。在殖民地發展過程，除了逃亡的農民之外，還有一些
鋌而走險的冒險分子，包括獵人、商人或搶匪。十五世紀時，立
陶宛的邊界軍官即已經僱用哥薩克人協助防衛前線堡壘、對抗來
襲的韃靼人，特別是在基輔和布拉茨拉夫公國領域。這些武裝的
哥薩克人定居於前線的小城鎮，稱為哥薩克鎮。當然，哥薩克人
不單是受僱於防衛工作；1489 年哥薩克人在皇家任命的頭目率領
下，攻擊克里米亞汗國和土耳其的商隊在黑海邊岸的基地。十六
世紀末，這種主動攻擊可說是年年進行。

二、哥薩克人註冊

居住於波蘭官方統治地區的哥薩克人，不一定願意接受當局指揮命令。例如，在 1600 年，卡尼夫 (Kaniv) 邊界小鎮擁有九百六十名鎮民和一千三百名哥薩克人及其家屬。鎮內的哥薩克人只承認自己選出的長官，不理會官方的命令。1572 年波蘭國王奧古斯特 (Sigismud August) 授權貴族巴道斯基 (Badowski) 建立給薪的一支哥薩克部隊，人數三百名，這是哥薩克人首次的官方註冊；這支部隊不再受地方官員節制。雖然該部隊很快被解散，但是已經確定了波蘭官方對哥薩克人身分的承認，也給予三百人不同的社會地位，他們可以購置不動產、擁有自治權力。1577 年，新的波蘭國王巴托利（Stefan Batory，1575–1586 年在位）企圖加強對哥薩克的管制，擴大註冊數量，經註冊的哥薩克人被承認是在波蘭軍中服役，不再隸屬地方政府或貴族管理，並可獲得薪餉。1577 年註冊的哥薩克人數六千名，到 1630 年增至八千名（1620 年一度擴大為二萬名）。

註冊的哥薩克人成為邊界軍人，同時具有監督未註冊哥薩克人的作用。前者大多擁有不錯的土地、房屋和其他財產，成為「富翁」；相對地，後者明顯屬於貧困窮人，人數估計約四萬至五萬名左右，其生活、行為缺乏保障和穩定性，在波蘭官方眼中，是比較危險的分子。

三、查波洛什西奇——梁山泊

一些不願意生活於波蘭－立陶宛官方統治下的哥薩克人，選擇離開邊界地區進一步深入草原，沿著德聶伯河向南遷徙。當他們組隊深入荒原時，都會推舉最有經驗、勇敢和資源的人士為頭目 (ataman)，在易守難攻的地方建立自己的小堡壘或防衛陣地，作為住宿生活與防衛需用，而且會經常改變防衛營地的地點。這種臨時居住的地方，稱為 「西奇」（烏克蘭語為 sich，俄語為 sech）。 第一個西奇是建在德聶伯河中的一個小島——小霍奇查 (Mala Khortytsia)， 為維什聶夫斯基 (Dmitriy Vishnevskiy) 在 1552–1554 年間所建立，發展為該地區的軍事中心。隨後一些「西奇」也都建立在德聶伯河下游河中的石灘（沙洲）上，位處於河

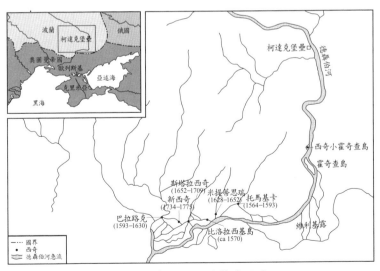

圖 13：查波洛什哥薩克區域

流險灘之間，外敵難以侵入。這些西奇所在地區，被稱為查波洛什哥薩克 (Zaporozhian Cossacks) 地區，意思是指「在險灘外」(za porog) 的地方；基本上是指德聶伯河下游地區為哥薩克勢力範圍。維什聶夫斯基聯合該區域所有的哥薩克人，成為軍事集團；但他在 1562 年出兵攻擊被土耳其控制的莫爾達瓦時，失利被俘虜、押解到君士坦丁堡處決。

　　一般而言，西奇作為防衛陣地的中央，四周圍繞著高聳的木牆，坐落於低地沼澤區、河中沙洲。木牆之內是哥薩克人的居住區，只有男人才能進入居住區。中央廣場區通常設立了教堂、學校和領導人的宅第。圍牆外地區設立為交易市場。

　　查波洛什哥薩克地區的統治方式採取人人權利平等原則。重要決策，特別是軍事和對外政策，召開全體大會——「拉達」(rada)議決之。實際上，分為兩種拉達，一種是軍官（長官、長老）的全體會議，另一種是士兵的全體會議；軍官拉達和士兵拉達都不能相互控制。軍官經常會覺得其決定被士兵會議推翻。這種民主和自治方式，可能不是真正的民主，而是一種暴力干預的專制獨裁（有時候士兵會被煽動反對某個領導人或決策）。

圖 14：哥薩克軍官

　　被全體大會選出的領導人，最

初是稱為「長官」（或長者，starshyi）；後來稱為阿塔曼。另外，
被波蘭國王任命為哥薩克部隊領導人，其稱呼為黑特曼（hetman，
為十六至十七世紀波蘭統帥的稱呼）；其後擴大應用於對烏克蘭執
政長官或哥薩克頭目的稱呼。

四、早期的叛亂

　　十六世紀下半和十七世紀上半時期，哥薩克的政治意識並未
十分明顯；他們的活動基本是反映對生活環境的不滿與需求。
1569 年「盧布林統一協議」，將烏克蘭土地劃歸波蘭所有和管理；
哥薩克問題當然也成為波蘭國王需要處理的問題。十六世紀末，
烏克蘭地區發生不少哥薩克－農民「起義」，反抗波蘭的社會、經
濟與種族迫害。其中規模較大的起義事件，第一個是由查波洛什
哥薩克頭目柯辛斯基 (Krystof Kosynsky) 於 1591–1593 年在基輔
和沃林地區所領導，其結局以失敗收場。柯辛斯基原本是烏克蘭
貴族和註冊的哥薩克領導人（哥薩克軍官），獲得波蘭國王賜予土
地，但是該土地在接收前被其他大貴族和軍人竊占；柯辛斯基憤
而率領其哥薩克部隊突襲大貴族奧斯特羅斯基 (Ostrozky) 的產
業。基輔、布拉茨拉夫和沃林地區一些哥薩克人、農民和不滿的
軍人紛紛參加鬥爭地主和地方官的行列。受侵襲的地主、貴族聯
合動員自己的武力，迫使柯辛斯基投降；稍後，柯辛斯基在一個
不明的衝突事件中遇害。
　　第二個大規模的起義，是由納立瓦科 (Severyn Nalevayko) 領
導，其規模幾乎涵蓋全部烏克蘭土地。納立瓦科出身於加里西亞，

圖 15：哥薩克騎兵

和其兄弟達米安 (Damian) 逃亡到大貴族奧斯特羅斯基在歐斯特
羅的土地上，達米安選擇進入神學院，成為神父和作家；納立瓦
科則選擇了哥薩克人的謀生方式，成為哥薩克部隊的頭目。1594
年納立瓦科率領約二千五百名哥薩克部隊出征莫爾達瓦的土耳其
據點，1595 年勝利返回布拉茨拉夫之後，與當地的貴族發生衝
突。哥薩克人再度叛亂，對抗在烏克蘭土地上的波蘭貴族、地主，
哥薩克軍人、小市民和農民都與之呼應集結。在查波洛什西奇的
哥薩克人給予納立瓦科支援，西奇頭目洛伯達 (Hryhorii Loboda)
和薩烏喇 (Matvii Shaulo) 率領所屬在基輔和布拉茨拉夫地區作
戰。納立瓦科向加里西亞、沃林和白俄羅斯進軍。波蘭國王命令
其所屬哥薩克部隊鎮壓叛亂，起義的抗暴部隊一敗再敗，退到德
聶伯河左岸地區，在盧布尼 (Lubny) 城附近慘遭消滅。納立瓦科

於 1597 年在華沙被處決，罪名是陰謀建立哥薩克國家
（Hetmanate，又稱為黑特曼國家）。

十七世紀初，烏克蘭人民爭取權利的鬥爭仍然持續不斷；而
且情勢發展似乎相當有利於新的起義。新的哥薩克首領沙哈達奇
尼 (Petro Konashevych-Sahaidachny) 出生於哈利奇，受過良好教
育；在查波洛什參加哥薩克行列，並被選為頭目。沙哈達奇尼在
1607–1617 年之間，多次成功打敗土耳其和韃靼，占領了一些克
里米亞和小亞細亞的城市，最遠逼近君士坦丁堡。沙哈達奇尼作
為頭目（1614–1622 年），進行了軍事改革，將哥薩克部隊原來的
臨時組合形式（烏合之眾），改編為常規武力編制；建立官階、職
銜，規定軍紀；軍隊的人數增加到四萬名。沙哈達奇尼的軍事改
革使哥薩克成為具有國家意義的政治組織；他更將哥薩克的政治
中心從查波洛什西奇遷移到基輔，並且在 1618 年率領所有哥薩克
部隊參加「基輔神現兄弟會」。在沙哈達奇尼支持下，前往莫斯科
途經基輔的耶路撒冷東正教宗主教迪歐方 (Teophanes)，被說服恢
復基輔大主教區，任命大主教波列茨基（Iov Boretskiy，1620–
1631 年任職）和四名主教。沙哈達奇尼進一步與波蘭合作，於
1618 年攻擊莫斯科。於 1621 年會同波蘭軍隊在霍廷 (Khotin) 阻
止了土耳其蘇丹對中歐的進擊。後來，波蘭國王並未遵守承諾，
註冊的哥薩克部隊人數反而被波蘭削減了。

1622 年沙哈達奇尼去世，哥薩克內部分成兩派意見，一派主
張與波蘭政府尋求妥協；另一派主張繼續武裝鬥爭。繼任的頭目
多羅申科（Mykhailo Doroshenko，1623–1628 年在位）試圖和波

蘭政府談判，並且籌備從海上出征土耳其和韃靼。但是波蘭企圖干預其行動，1625 年查波洛什的哥薩克部隊和波蘭部隊在庫魯科維夫 (Kurukoviy) 湖畔爆發衝突。事後，雙方簽署妥協條約，哥薩克部隊的註冊人數被迫削減為六千名，但是參與叛亂的哥薩克人可獲得赦免。 1630 年，新任黑特曼塔拉斯 (Taras Fedorovych-Tryasilo) 再度起義反抗波蘭，在佩列雅斯拉夫地區擊敗波蘭軍隊；與波蘭的黑特曼柯涅茨波爾斯基 (Stanislaw Koniecpolski) 進行談判，將註冊人數增加為八千名。 哥薩克黑特曼彼德拉吉福斯基 (Ivan Petrazhevskiy) 甚至要求，應該准許哥薩克人在波蘭國會占有席位，作為騎士階層的代表人物。

1632 年華沙國會正式承認東正教會的合法性，容許東正教擁有自己的教區。基輔大主教和主教由神職人員和貴族秘密選舉產生，再送交波蘭國王批准，最後由君士坦丁堡宗主教給予祝福。由於考慮到 1596 年分裂的東正教聯合教會，兩個基輔大主教的轄區作了劃分：傳統東正教基輔大主教的教區包括基輔、里夫、普列米思、路茨克和新近建立的馬西利歐 (Mahiliou)，大主教駐錫於基輔。分裂的東正教聯合教會，其教區包括波洛茨克、切勒姆、伏拉季米爾－沃林、皮斯克和斯摩凌斯克，其大主教駐錫於維爾紐斯或納瓦魯達克。 新選任的東正教基輔大主教莫西拉 (Petr Mohila) 是瓦拉加 (Walachia) 和莫爾達瓦 (Moldavia) 統治者的兒子，相當具有才華。他相信，只有受過良好教育訓練的神職人員才能維護東正教於不墜之地。因此，派遣教士前往波蘭接受教育；並且在基輔設立神學院（1632 年），十八世紀之後，該神學院成

為烏克蘭和東歐著名的教育與文化中心。

當時波蘭國王伏拉迪斯拉夫四世（Wladyslaw IV，1632−1648年在位）企圖征服莫斯科，對東正教和哥薩克採取懷柔政策，希望借重哥薩克部隊征討莫斯科；但是未能成功說服哥薩克參加征戰。波蘭國王憤而拒絕履行過去波蘭對哥薩克所作承諾和優惠政策；要求哥薩克人必須返回原波蘭地主的耕地工作。許多哥薩克人逃往查波洛什，為了阻止他們逃亡，波蘭政府在 1635 年建造了城堡於柯達克（Kodak，在查波洛什西奇的北方）。不過，隨即被哥薩克頭目束立馬 (Ivan Sulima) 率隊將之摧毀。在 1637−1638 年之間，接連發生起義事件，由帕福路克 (Pavlo Pavliuk)、胡梁 (Hunia) 和奧斯特立安尼 (Ostrianyn) 先後領導抗暴，結果都慘遭鎮壓。波蘭國王命令將哥薩克註冊人數減少為六千名，團級幹部由波蘭政府任命，哥薩克部隊（領取波蘭軍餉）的司令一職只有波蘭貴族才能擔任。

五、哥薩克的角色

哥薩克人雖然發跡甚早，但是發展為一股勢力是在十六世紀後半時期。由於哥薩克人結合、凝聚為武裝組織，烏克蘭的東正教大地主（多為前羅斯的貴族）希望利用或僱用他們，作為莊園甚至是城鎮的守衛（保鑣）。而且，擁有大領地的羅斯貴族，企圖借重哥薩克的武力增加自己在波蘭社會和貴族圈的影響力。但是，對於波蘭的大、小地主和貴族而言，哥薩克人本來就是他們莊園的農奴，是逃亡者；應該強迫他們回到地主的土地上繼續耕種和

服勞役。

　　另方面，波蘭國王和波蘭貴族之間，對於哥薩克的看法也是對立的。哥薩克興起並成為武裝勢力，雖然他們打劫的對象是土耳其和韃靼，但是仍然構成對波蘭大、小地主和波蘭統治者的直接威脅。這種不受法律約束、未向國王宣誓效忠的部隊，和叛亂集團是一樣的；實際上，他們本來就是「違法亂紀」的逃犯、奴隸。當時哈布斯堡（奧地利）皇帝魯道夫二世 (Rudolph II) 派遣到烏克蘭哥薩克的使者拉梭塔 (Erich Lassota Von Steblau) 於1595 年夏季，在查波洛什西奇居住了一個月。拉梭塔的報告提到哥薩克似乎有爆發叛亂的威脅，由於波蘭的內政因素（貴族內部矛盾、農民的社會地位低落等）；因此應該強調（德國）與哥薩克友誼的重要性，因為哥薩克人不僅在烏克蘭（沃林和波多利亞）擁有巨大影響力，而且全波蘭也都注視著他們。如何化解叛亂威脅和收編他們為波蘭國王效力，成為波蘭政府的重要任務之一。

　　1572 年，波蘭首次採取註冊制度，登記自願註冊的哥薩克人；它的好處是准許註冊的哥薩克人成為波蘭國王的軍隊成員，領取固定軍餉；而且不再受到地主──地方行政官的約束。這些在草原、邊界地區流浪的哥薩克人，透過「參軍」可以使自己的生活得到保障，並且免除原地主追捕之苦。被「招安」的哥薩克人，一方面成為軍隊成員，另方面與其家屬居住於分配的土地上。他們的身分從早期的農民（農奴）或小市民（或手工藝業者），轉變為小地主。他們希望進一步獲得更多的特權，包括進入波蘭政府工作和獲得國會席位。不過，這種期待和波蘭貴族、地主的憎

恨並不相容。雙方之間的矛盾，也許是促成被「招安」的哥薩克
人仍然會起義造反的原因。

　　查波洛什西奇的哥薩克人經常出擊土耳其和韃靼，有時候也
從事「國際貿易」。不過他們對奧圖曼帝國的侵擾，間接造成波蘭
的外交問題；波蘭有時候會要求哥薩克停止對外國的侵襲、甚至
派出部隊鎮壓哥薩克。從而形成惡性循環，三方面的關係時好時
壞。嚴格來說，居住在德聶伯河下游的哥薩克人，實際成為保護
烏克蘭領土免於土耳其與韃靼（克里米亞汗國）侵略的主要嚇阻
力量。

哥薩克國家
（1648–1711 年）

第一節　大革命前夕

　　1648 年大革命爆發前夕，烏克蘭地區的人民在波蘭貴族、地主統治下飽受欺壓和蹂躪。雖然為了開墾新殖民地，波蘭貴族從加里西亞和沃林招徠農民，應允給予十年、二十年，甚至三十年的免費耕種權利；但是隨著貴族胃口增大，對於自西邊逃避到其采邑的農民，提出愈來愈多的要求，最後幾乎將他們視同波蘭「內地」的農奴。波蘭貴族對其采邑（封地）的任意統治，加上波蘭政府（國王）無力約束貴族的非法行為，烏克蘭地區成為「無法無天」的殖民地。擁有大量土地的貴族，為了便於管理和收取租金，經常將土地租賃給猶太人經營；猶太人則全力壓榨農民，以便繳納與貴族約定的金錢和賺取利潤。例如大貴族歐斯特羅家族的土地就放租給四千名猶太人；1616 年波蘭皇家在烏克蘭的土地，超過半數租給猶太人。烏克蘭農民承受沉重的負擔，一方面

需要向波蘭政府「完糧納稅」，二方面需要應付貴族地主的需索和勞役，三方面更需要承受猶太「包租人」（經理人）的剝削與壓榨。

　　烏克蘭地區的大小城鎮，聚集了不少逃避迫害的難民、農民；這些自加里西亞、沃林或其他西邊內地逃到烏克蘭「邊遠地區」避難者，自認為已獲得自由，自己管理自己的小鄉鎮、自己對抗韃靼的侵襲。對於波蘭官方的命令或權威，和哥薩克人一樣不太理會；更不會認為居地的貴族是他們的主人。另外，烏克蘭地區民眾原本信仰的東正教一直遭到波蘭官方和羅馬天主教會的壓迫、排擠；東正教會對於現況的不滿，也間接助長當地信徒對於波蘭的反抗意識。這些因素累積成為 1648 年大革命（波蘭—哥薩克戰爭）的原動力。

第二節　赫梅尼茨基——時勢造英雄

　　赫梅尼茨基 (Bohdan Khmelnytsky) 是 1648 年烏克蘭大革命的中心人物，也是將烏克蘭推向歷史新頁的傳奇人物。1595 年他在切爾喀錫哥薩克中心、邊區城鎮南方的小城鎮出生，其父親米海一洛 (Mykhailo) 是註冊的哥薩克軍人和士紳。赫梅尼茨基被其父親送到加里西亞地區雅羅斯拉夫市 (Jaroslaw) 耶穌會所辦學校就讀；畢業後與父親一起服役。1620 年在莫爾達瓦的遠征戰爭中，其父親被殺害，赫梅尼茨基則被俘虜，送往君士坦丁堡監禁。在 1622 年其母親籌足贖金贖回他之前，用兩年時間學習了土耳其

語，並且深刻了解奧圖曼帝國和克里米亞汗國的政治概況，以及東正教會的處境。 1620年代和 1630年代，赫梅尼茨基在哥薩克之間的聲望日升， 甚至被波蘭官方懷疑其可能參加 1638年奧斯特立安尼的叛亂活動。因此將其軍銜由上校降級為上尉（百夫長），並派任為齊西林 (Chyhyryn) 地區哥薩克領導人。

圖 16：赫梅尼茨基畫像

1647年事件發展成為赫梅尼茨基一生命運的轉捩點， 其所追求的女人海倫娜 (Matrona Helena)， 具有雄厚的家族勢力； 結果嫁給齊西林地區的副行政官，也是他的政敵札普林斯基 (Daniel Czaplinsky)。札普林斯基本身是貴族出身， 在當地貴族支持下侵襲赫梅尼茨基在蘇波提夫 (Subotiv) 的田產，並將其兒子打到傷重不治（一說是同時綁架論及婚嫁的女友海倫娜）。襲擊農莊的恐怖事件導致赫梅尼茨基的妻子稍後猝死。 齊西林的行政官柯涅思波斯基 (Aleksander Koniecpolski) 與札普林斯基站在相同立場，使赫梅尼茨基在當地法院無法申冤得直。赫某被迫前往華沙，向波蘭長老院 (Senate) 和皇家法院申訴，也沒有得到理會。雖然當時波蘭國王伏拉迪斯拉夫同情赫梅尼茨基的遭遇，由於行政和立法機構都控制在貴族手中，國王也是愛莫能助。1647年底，赫梅尼茨基回到齊西林，

立即被柯涅思波斯基下令逮捕監禁；在朋友協助下，1648 年元月安排他逃到查波洛什西奇避禍。

　　赫梅尼茨基獲得查波洛什哥薩克支持其向波蘭報復，而且也被選舉為頭目。根據他對奧圖曼帝國的了解，一開始即與克里米亞韃靼簽訂盟約，四千名韃靼前往協助查波洛什哥薩克對抗波蘭軍隊 。 波蘭的指揮官波多斯基 (Mikolaj Potocki) 和其兒子史迪芬（Stefan，駐守於柯達克堡壘） 會合，準備對查波洛什哥薩克先發制人；但在半路上，卻遭到對方攔截。1648 年 5 月 5-6 日，赫梅尼茨基率領的查波洛什―韃靼聯軍 ， 在左夫提沃迪 (Zhovti Vody) 突擊波蘭軍隊，指揮官波多斯基的兒子史迪芬被韃靼虜獲（後因傷重死亡）。註冊的哥薩克人轉而倒戈赫梅尼茨基，壯大其勢力，使他能夠繼續向前推進。5 月 15–16 日，在科森 (Korsun) 爆發第二次戰鬥。此次戰役波蘭兩名指揮官：波多斯基和趕來援助的指揮官卡里諾夫斯基 (Marcin Kalinowcki)、八十名重要貴族、一百二十七名軍官、八千五百二十名士兵和四十一門大砲都被俘虜。同時間，波蘭國王伏拉迪斯拉夫去世。

　　哥薩克勝利的消息傳播到基輔地區，立即引發暴動；農民起來攻擊地主和不動產經理人（土地包租人）――猶太人，東正教神職人員呼籲對天主教和聯合教會（加入天主教的原東正教教會）採取報復行動，貧窮的鎮民則起而洗劫富人。赫梅尼茨基似乎不願意看到這種暴亂現象，希望與波蘭達成和解。1648 年 6 月，他將部隊停駐於比拉徹可洼 (Bila Tserkva)，位於基輔西南方；一方面整頓部隊、對新投入人員加強訓練；二方面派遣使者到華沙，

圖 17：查波洛什哥薩克人寫信給奧圖曼帝國蘇丹（油畫：
1878-1891 年雷平 "Elias Repin" 著作）

要求恢復哥薩克人的傳統權利，將註冊人數增加為一萬二千名，
支付過去五年未付薪餉，以及公平對待東正教會；波蘭國會對於
其謙卑的要求完全同意，只等新國王選出後由國王考慮決定。赫
梅尼茨基隨後回到靠近齊西林的莊園，1649 年初和女友海倫娜結
婚，似乎他已得到原來想要的一切。但是事件發展非人所能預料，
其他的哥薩克領導人克里沃尼斯 (Maksym Kryvonis)、涅恰宜
(Danylo Nechai) 仍然率領農民群眾繼續暴動；1648 年夏季，暴動
已經向西擴展到波多利亞；德聶伯河左岸地區的貴族動員起兵反
擊哥薩克－農民的暴亂。迫使赫梅尼茨基重新率隊往沃林西進，
1648 年 9 月，與克里沃尼斯的哥薩克部隊會合；在鄰近皮梁刺

圖 18：十七世紀初的里沃夫城

(Pyliavts) 村莊擊敗一支八萬人的波蘭軍隊。哥薩克部隊前進並封
鎖里沃夫，獲得該城付給大筆贖款，以免除攻城和毀滅危機。同
年 11 月，赫梅尼茨基率領部隊停留在扎莫斯 (Zamosc) 要塞，位
於里夫和華沙之間；再度派遣使者要求波蘭政府作出更多的讓步：
恢復哥薩克傳統特權；容許哥薩克可以自由通航黑海，像柯達克
一類的防衛（阻礙）堡壘交給哥薩克；國王不可以授權波蘭地方
官員、而是授權國王任命的黑特曼（行政管理和司法審判權力）；
赦免所有參加暴亂的人員；1596 年布列斯特聯合協議和聯合教會
應該廢除。波蘭國王卡茲米爾茲（Jan Kazimierz，1648–1668 年
在位）同意履行這些條件，不過要求赫梅尼茨基停止敵對行動及
返回故鄉。

　　總之，1648 年烏克蘭人民的起義戰爭，在 8 月底佔領了德聶
伯河左岸領土，9 月底佔領右岸布拉茨拉夫、基輔等地區。1648
年 12 月 23 日，哥薩克以盛典進入基輔。

第三節　猶太悲歌

在 1648–1652 年大革命期間，哥薩克和農民的暴動與報復行為，受害者不僅是信奉天主教的波蘭人、聯合教會的烏克蘭人，而且包括寄居的猶太人。估計死亡的猶太人約在數萬人到數十萬人之間，有些猶太人則被韃靼人俘虜並送往奴隸市場拍賣。《猶太百科全書》(*Encyclopedia Judaica*) 記載了烏克蘭發生的悲劇，形容赫梅尼茨基是險惡的人物 (the wicked)，應該對該時期猶太人遭到的「種族屠殺」負責。按照加拿大學者馬果西 (Paul Robert Magocsi) 的研究，指出在赫梅尼茨基抗爭時期受害猶太人人數，有的估計約六萬至八萬人之間，有的認為約在十萬人之內。約三百個猶太村鎮和六十七萬間房屋被摧毀。烏克蘭歷史學家佩連斯基 (Jaroslaw Pelenski) 認為猶太人死亡人數最多只有六千名到一萬四千名左右。

無論如何，一些猶太史料和研究，敘述十七世紀在烏克蘭發生的慘劇和屠殺：「逃亡失敗或未能逃亡者遭到殺害，這些人死於酷刑和打擊。有些人活活被剝皮，並將其屍體餵狗。有些人手腳被砍掉，其身軀丟在路中間，任憑馬車和馬群踐踏。……敵人在母親的大腿上屠殺嬰兒，並將其切成碎片餵魚……」。烏克蘭的猶太悲劇被形容為是二次大戰猶太人大屠殺的「前戲」或「樣板」；對猶太人而言，確實是一個沉痛的歷史記憶。

第四節　烏克蘭摩西──赫梅尼茨基新使命

　　1649 年元月東正教聖誕節（按照舊曆），赫梅尼茨基率領部隊進入基輔，受到東正教基輔大主教科錫夫 (Sylvestr Kosiv) 和剛好逗留在該城的耶路撒冷東正教宗主教帕西歐斯 (Paisios) 的迎接。這位哥薩克頭目被教會尊稱為烏克蘭的摩西，帶領羅斯人民離開波蘭。在東正教領導階層的看法，1648 年事件具有全羅斯人民（指烏克蘭和白俄羅斯）宗教和文化復興的意義，而非單純某一團體的利益。宗主教帕西歐斯為了尋求東正教自奧圖曼帝國的桎梏下解放，因此勸告赫梅尼茨基與鄰近公國莫爾達瓦、瓦拉加和解，以及承認莫斯科公國沙皇的權威。赫梅尼茨基受到教會僧侶的影響，改變了他對大革命（起義、暴動）的觀念。據說他在接見波蘭國王的使者時，表示：「今後我將追尋我仔細考慮過的目標，我將自波蘭手中解放全體羅斯人民。起先，我戰鬥的目的是為了（波蘭）對我個人所造成的錯誤，現在我將為我們的東正教信仰戰鬥……。我是一個微不足道的人物，但是按照上帝的旨意，我會成為羅斯的統治者」。赫梅尼茨基自稱為羅斯統治者的態度，不可避免的將會和波蘭繼續衝突與爭戰。

　　1649 年夏，哥薩克和克里米亞韃靼在茲波里夫（Zboriv，加里西亞地區）附近擊敗並圍困波蘭國王卡茲米爾茲率領的軍隊。8 月，雙方簽署協議：1.註冊的哥薩克人數增加為四萬名；2.基輔、切爾尼戈夫和布拉茨拉夫領地宣布成為哥薩克領土，波蘭軍

人、猶太人和耶穌會（天主教）將被驅逐；3.東正教大主教將在
波蘭參議院獲得一席；4.參與暴動事件的貴族將獲得特赦。協議
顯示，除了四萬名哥薩克軍人之外，其他的哥薩克人和參加叛亂
活動的農民將要回復原來的生活處境（農民繼續當地主的奴隸），
他們當然無法對協議表示滿意。這項協議並未履行，波蘭方面認
為犧牲太大；哥薩克內部也發生歧見，哥薩克軍官雖然滿意於所
獲，不過低層的士兵毫無所得。哥薩克高級領導階層雖然支持改
善農民生活，但是無意進行社會經濟改革——即推翻農奴制度。

　　赫梅尼茨基在勝利後，將齊西林設定為哥薩克首都（頭目的
指揮中心），開始一連串的外交活動，他希望結合東正教、伊斯蘭
教和基督教世界——莫爾達瓦、奧圖曼帝國、克里米亞、特蘭斯
凡尼亞 (Transylvania) 和立陶宛，成為反波蘭的聯盟。1650年哥
薩克和韃靼聯合征伐莫爾達瓦，強迫其大公盧普 (Vasile Lupu) 將
女兒嫁給赫梅尼茨基的兒子提米西 (Tymish)，婚禮在1652年舉
行，1653年提米西戰死於哥薩克和特蘭斯凡尼亞、瓦拉奇亞的戰
役。1651年6月，波蘭國王率領十五萬名部隊，包括二萬名德國
僱傭兵出擊哥薩克；烏克蘭方面動員十萬名部隊，加上五萬名韃
靼騎兵；雙方人馬在沃林的貝列斯特奇哥 (Berestechko) 展開激
戰。中途，韃靼突然自戰場撤軍離去，導致哥薩克部隊戰敗，被
迫在9月簽署「比拉徹可洼協定」。同時間，立陶宛利用波蘭和哥
薩克會戰之際，派兵攻占基輔，哥薩克形成腹背受敵之勢。「比拉
徹可洼協定」將哥薩克註冊人數減少為二萬名，並且限制哥薩克
軍人只能居住在基輔皇家領地；切爾尼戈夫和布拉茨拉夫回歸波

蘭政府管理，並且容許原貴族收回原有產業。雖然波蘭國會未批准該協定，不過赫梅尼茨基卻仍然遵守協定，甚至派遣特遣隊鎮壓反對歸還波蘭而引起的農民暴動。那些失望、未註冊的哥薩克人和農民群眾開始向東方，沿著頓內茨河上游和頓河遷徙，該區域受莫斯科公國的控制。他們獲准建立免除稅負的徙置區（自由村鎮），稱為「斯洛波迪」（Slobody，自由之意）；整個地區通稱為自由之土（Sloboda，斯洛波達），或稱斯洛波達烏克蘭。

　　1652 年和 1653 年，哥薩克仍舊和波蘭進行戰爭。1653 年 12 月，雙方簽署「茲哇內茨 (Zhvanets) 協定」，獲勝的哥薩克恢復 1649 年「茲波里夫協議」規定的一切權利。不過，赫梅尼茨基尋求建立外交聯盟的企圖，經過幾年來的努力顯然是失敗了。

第五節　「佩列雅斯拉夫協定」

　　1653 年底，哥薩克頭目審度內外情勢，認為只有莫斯科方面是唯一願意提供援助的對象；同時，莫斯科派遣特使巴圖林 (Vasilii Buturlin) 率領代表團前往佩列雅斯拉夫會見哥薩克頭目、軍官等重要人員。1654 年元月，赫梅尼茨基召開哥薩克精英會議，最後決定接受莫斯科沙皇為烏克蘭的君主（哥薩克國家為莫斯科附庸國），並且宣誓向沙皇效忠。3 月，赫梅尼茨基派遣代表團攜帶哥薩克的陳情文件送達莫斯科，沙皇給予正式回應，以及該年內新增加的協議條文，通稱為「佩列雅斯拉夫協定」。這些協議條文包括：1.哥薩克和烏克蘭人民向沙皇宣誓效忠，莫斯科的

官員前往烏克蘭一百一十七個城鎮，監督十二萬七千人的效忠宣
誓；2.沙皇給予查波洛什哥薩克軍隊要求的權利和自由，包括獨
立的哥薩克法庭和不可侵占的土地所有權；3.齊西林仍然保留為
哥薩克首都，除了對波蘭和奧圖曼帝國之外，可以進行外交活動。
哥薩克軍隊選出的頭目，必須向沙皇宣誓效忠；4.註冊的哥薩克
人數固定為六萬名，其薪餉由烏克蘭繳交沙皇的稅收支付。沙皇
負責供應哥薩克軍事需要（指武器、裝備）；5.烏克蘭貴族傳統權
利獲得保留，城市居民可以經選舉組成自己的市政府；6.過去波
蘭－立陶宛領地內的東正教大主教和神職人員，需要接受莫斯科
宗主教的「祝福」；莫斯科宗主教承諾不干預他們的教會事務。

　　1654 年 8 月，莫斯科沙皇亞列克謝伊 (Aleksei Mikhailovich)
將沙皇頭銜從「全體俄羅斯的沙皇」 (Tsar of All Rus', vseia
Rusii)，改稱為「全部大、小俄羅斯的沙皇」(Tsar of All Great and
Little Rus', vseia Velikiia i Malyia Rusii)。「佩列雅斯拉夫協定」可
謂是東歐歷史的轉捩點，象徵著俄羅斯逐漸取代波蘭成為東歐地
區的主宰勢力。而且在烏克蘭歷史過程中，也成為爭辯的重點。
一些烏克蘭學者，譴責赫梅尼茨基將烏克蘭送給俄羅斯，甚至譴
責赫梅尼茨基時期是死亡、毀滅、無政府和文明衰頹的時代。

第六節　毀滅時期——哥薩克內戰與外來干涉

　　「佩列雅斯拉夫協定」讓莫斯科公國的領土突然擴張到烏克
蘭人民居住的基輔、切爾尼戈夫和布拉茨拉夫三個波蘭領地，以

及查波洛什南方草原地區。協定本身並未為烏克蘭帶來和平，只是另一個時期的衝突之延續，主軸是哥薩克的內戰和外來干涉。此時期在烏克蘭歷史中稱為「毀滅時期」(the period of Ruin)，始於 1657 年，終於 1686 年。

1657 年 8 月，赫梅尼茨基去世；當時哥薩克控制德聶伯河左、右兩岸大部分地區（基輔、切爾尼戈夫和布拉茨拉夫三個省區），加里西亞與沃林仍在波蘭治下。當然，查波洛什地區本來就是哥薩克的根據地。至於「斯洛波達」地區原屬於莫斯科公國的領域。哥薩克將其控制領域分為十六個軍區，每一軍區由一名上校擔任司令，率領區內三千至五千名部隊；和平時期，上校司令擔任行政首長和司法官。每個軍區再細分為連區，由上尉連長執行軍事和行政任務。城鎮、鄉村的行政長官由哥薩克相肆應的軍官擔任，起初都由選舉產生；而後這些職位逐漸變成世代繼承。

赫梅尼茨基原先有意培植自己的兒子有里 (Iurii) 為繼承人，不過年僅十六歲的有里顯然無法獲得哥薩克長老的支持。赫梅尼茨基的親密戰友兼查波洛什地區秘書長 ❶ 維霍夫斯基 (Ivan Vyhovsky) 被選舉為頭目。維霍夫斯基受過良好教育，本來在波蘭軍中服務；1648 年左夫提沃迪戰爭失敗被俘，由於其良好的教育與經驗，被赫梅尼茨基釋放並且留用，迅速擢升為秘書長。維霍夫斯基比較傾向波蘭，認為需要和波蘭達成和解，同時也獲得

---

❶ 秘書長一職等於該行政區的副行政官，或內閣首長，頭目（黑特曼）為元首。

烏克蘭世襲貴族的支持。但是親莫斯科的部分哥薩克人持反對意見，巴拉巴西 (Iakiv Barabash) 領導查波洛什的反對勢力，聯合波勒塔瓦 (Poltava) 軍區的上校普西卡爾 (Martyn Pushkar) 起來挑戰維霍夫斯基的領導權威。維霍夫斯基動員所屬剿滅叛亂，1658年6月在波勒塔瓦附近，普西卡爾戰死，巴拉巴西稍後被捕並處死。此次內戰的代價是犧牲五萬人的性命。

　　1658年9月，維霍夫斯基和波蘭在海迪亞奇 (Hadiach) 簽署聯合條約：1.基輔、切爾尼戈夫和布拉茨拉夫三個領地將組成為烏克蘭國家，與波蘭、立陶宛共同組織為聯合王國（邦聯）；2.烏克蘭將擁有最大程度的自治權力，其頭目（黑特曼）只對國王負責，擁有自己的軍隊、法院、財政部和貨幣；3.非得黑特曼邀請，波蘭軍隊不能進入烏克蘭領域；4.每年黑特曼將向波蘭國王推薦一百名各軍區的哥薩克軍人，受封為貴族；哥薩克傳統權利將獲得保障；5.廢除「布列斯特聯合協議」，東正教將享有和天主教相同的權利；烏克蘭將設立兩所大學及許多必要的學校和印刷廠。聯合條約在1659年經波蘭國會批准，但未能實現。1659年春，莫斯科沙皇亞列克謝伊派遣十萬大軍侵襲烏克蘭；同年7月在科諾托普 (Konotop) 附近，遭到波蘭－韃靼－哥薩克聯軍擊敗。不過，維霍夫斯基的地位並未獲得鞏固；反對傾向波蘭的叛亂活動仍舊持續不斷，特別是德聶伯河左岸和查波洛什地區的哥薩克人反對最力。1659年9月維霍夫斯基被迫去職，返回波蘭。科諾托普戰後，波蘭和莫斯科對爭奪烏克蘭勢力範圍，呈現僵持狀態。德聶伯河右岸屬於波蘭勢力範圍，左岸（包括基輔城和該城以西

地區）則屬於莫斯科勢力範圍。哥薩克的長老（軍官團）和下級士兵（低層軍人）、農民之間也呈現對立狀態。

　　赫梅尼茨基的十八歲兒子有里在維霍夫斯基去職後，被選為哥薩克頭目（1659-1663 年在職）。莫斯科方面強迫有里簽訂新的「佩列雅斯拉夫協定」：1.不僅同意讓俄羅斯部隊繼續駐紮基輔，而且可以駐紮任何的大城鎮；2.非得沙皇許可，哥薩克不准發動戰爭或進行外交活動；3.黑特曼、哥薩克內閣官員和軍區上校，未得沙皇許可，不得選舉之。

　　1660 年，波蘭和莫斯科為了烏克蘭再度作戰；有里並未出兵支援莫斯科，反而和波蘭方面談判，同意讓烏克蘭參加聯合王國。有里的舉動激怒哥薩克反對派，雖然右岸仍在波蘭和有里的控制下，不過左岸卻落入莫斯科的掌控。哥薩克（左岸）另外選舉頭目取代有里；1663 年元月，有里被迫辭職並遁入修道院。右岸的哥薩克選出鐵帖里亞 (Pavlo Teteria) 為頭目。哥薩克分裂為二，成為無可避免的事實。

　　1666 年，右岸哥薩克選舉朵羅申科 (Petro Doroshenko) 為頭目，起初是採行親波蘭政策，並企圖重新統一兩岸；但在 1667 年元月後急遽改變政策。因為當時波蘭和俄羅斯簽署「安德魯蘇窩 (Andrusovo) 條約」，波蘭承認沙皇擁有左岸的主權，莫斯科同意波蘭據有右岸地區。朵羅申科面對兩大國家分割烏克蘭的舉動，決定尋求奧圖曼帝國的協助。1667 年秋，聯合奧圖曼軍隊攻擊在加里西亞的波蘭部隊，迫使波蘭國王同意給予右岸哥薩克更廣泛的自治權利。1668 年朵羅申科攻下左岸，驅逐該地區的頭目布留

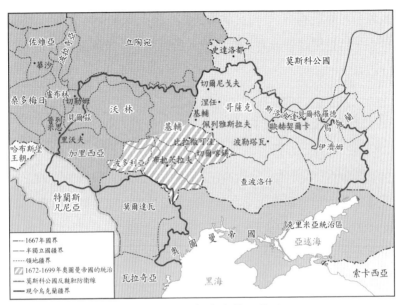

圖 19：1667 年烏克蘭形勢圖

霍維茨基 (Ivan Briukhovetsky)；自行宣布他是全烏克蘭的「黑特曼」。成功是短暫的，朵羅申科一離開左岸，莫斯科的軍隊立即進入，並逼迫左岸的代理頭目宣布切斷與朵羅申科的聯繫及承認俄羅斯的宗主權。1675–1676 年，莫斯科會同左岸哥薩克部隊攻擊齊西林堡壘的朵羅申科軍隊；朵羅申科發現他的奧圖曼帝國援軍「欺壓」自己的東正教同胞後，向莫斯科投降，沙皇命令將這位「最後的、真正的哥薩克人」放逐於莫斯科附近。

　　1677 年奧圖曼帝國將有里自修道院請出來，任命他為右岸的黑特曼；但是在對抗莫斯科的戰爭中，有里無法獲得勝利，奧圖曼帝國方面也失去耐心，1681 年將有里處死。同年，奧圖曼帝國

和莫斯科簽訂和約，相互承認彼此在烏克蘭據有的領土。1686年，莫斯科與波蘭簽署相同條約，烏克蘭終於被鄰近大國完全瓜分占有。

第七節　左岸哥薩克

在 1663 年哥薩克分裂為左、右兩岸時，莫斯科控制下的左岸哥薩克選出布留霍維茨基為其頭目；這位頭目完全仰賴莫斯科的支持，同意遵守 1659 年的「佩列雅斯拉夫協定」，另外負擔俄羅斯部隊駐守在烏克蘭的開銷。1665 年成為第一位「朝覲」莫斯科的哥薩克黑特曼，沙皇特別賜予其莫斯科貴族身分和將一位出身良好的婦女下嫁為其妻子。但是 1667 年的「安德魯蘇窩條約」，莫斯科和波蘭瓜分兩岸勢力範圍，左岸的哥薩克人對於莫斯科的行為視同出賣烏克蘭的利益，連帶拖累親莫斯科的布留霍維茨基，他被愛國群眾認為是「我們的祖國——烏克蘭的毀滅者」。1667–1668 年之間，左岸連續爆發反對莫斯科和襲擊沙皇駐軍的事件。1668 年右岸哥薩克頭目朵羅申科攻擊左岸，驅逐布留霍維茨基之後，他便被憤怒的群眾逮捕並擊斃。

朵羅申科返回右岸時，任命默諾果赫列什尼 (Damian Mnohohrishny) 為左岸的代理黑特曼。但是默諾果赫列什尼很快在莫斯科壓力下屈服，重新效忠沙皇；莫斯科則承認其為左岸的黑特曼。不過默諾果赫列什尼無意成為沙皇的傀儡，他要求莫斯科自烏克蘭撤軍；妥協結果，沙皇同意只在五個大城鎮駐留軍隊。

默諾果赫列什尼也提醒沙皇，表示莫斯科無權將基輔交給波蘭。由於他表現的「反對態度」，莫斯科決心將其推翻，利用哥薩克的長老指控默諾果赫列什尼陰謀和朵羅申科勾結，計畫接納奧圖曼帝國的統治。1673 年，沙皇下令將之逮捕並流放到西伯利亞。

　　1672 年左岸哥薩克長老和默諾果赫列什尼發生衝突之後，將其解職，並另行選出薩莫羅維奇 (Ivan Samoilovych) 為黑特曼。鑑於過去黑特曼權力過大，長老會議企圖削減其權限；要求沒有長老會議同意，不得進行外交活動，並且強迫新任黑特曼解散傭兵。相對地，為了爭取長老的支持，薩莫羅維奇在左岸逐步釋出土地，鼓勵哥薩克精英發展為世襲制度。1676 年右岸的哥薩克頭目朵羅申科投降後，薩莫羅維奇自封為「德聶伯河兩岸的黑特曼」。最後，奧圖曼帝國的反攻迫使薩莫羅維奇和俄羅斯部隊自右岸撤退。1686 年莫斯科和波蘭簽訂永久和平條約，再度瓜分烏克蘭，對薩莫羅維奇又是一大打擊。1687 年莫斯科發動十萬大軍，加上薩莫羅維奇的五萬人哥薩克部隊，對韃靼展開攻擊行動；當戰爭失利時，薩莫羅維奇成為代罪羔羊，遭解除職務並流放到西伯利亞。

　　1687 年馬澤巴 (Ivan Mazepa) 被選舉為左岸哥薩克

MAZEPPA.

圖 20：馬澤巴畫像

黑特曼，接替了薩莫羅維奇。馬澤巴的一生充滿傳奇，大概在
1639–1644 年間出生於比拉徹可洼（基輔附近），父親是信仰東正
教的羅斯士紳。不過馬澤巴先後在基輔和華沙的耶穌會學校就讀，
被當時的波蘭國王卡茲米爾茲所賞識。為了培植親波蘭人才，國
王出資送馬澤巴到荷蘭求學，在 1656–1659 年留學期間，馬澤巴
利用時間旅遊西歐國家。返國後，成為波蘭國王差遣到哥薩克的
外交使節。1663 年之後，由於波蘭宮廷內鬥，馬澤巴回到家鄉定
居。1669 年，馬澤巴進入右岸哥薩克頭目朵羅申科的政府中任
職；1674 年奉派前往克里米亞，途中被查波洛什的哥薩克人所逮
捕（當時查波洛什哥薩克人親莫斯科、敵對克里米亞），並且被解
送到莫斯科。由於馬澤巴表現充分的合作，詳細供出朵羅申科和
奧圖曼帝國、克里米亞的合作計畫。莫斯科認為馬澤巴仍有利用
價值，將他送到左岸哥薩克頭目薩莫羅維奇那裡工作。同樣，馬
澤巴再度表現其才華，迅速晉升為黑特曼參謀部的總副官
(general aide-de-camp)。1687 年莫斯科派遣十萬大軍遠征克里米
亞韃靼，由於薩莫羅維奇一開始就持反對態度，這使他成為戰爭
失利的代罪羔羊。在莫斯科運作下，馬澤巴被選舉為新的黑特曼。
馬澤巴照例膺服沙皇的指令，註冊哥薩克軍人數量限制在三萬名
之內，傳統哥薩克特權仍舊保留（免除稅負、可擁有土地財產）、
仍舊限制俄羅斯駐守軍司令（總督）對當地事務的干預。

　　馬澤巴從 1687–1700 年之間主要工作是穩定「哥薩克國家」，
他給予哥薩克長老和教會土地，藉以籠絡與爭取他們的支持；同
時也鎮壓農民和低層士兵的叛亂、騷動。1689 年 8 月，馬澤巴在

莫斯科時，適逢宮廷政變。原來執政的索非亞 (Sophia) 公主被逐，其弟弟彼得一世（Peter I，即彼得大帝）即位為新沙皇。馬澤巴迅速獲得彼得大帝的信任和支持（主要原因是積極參與對抗韃靼的戰爭）。1695 年，馬澤巴和莫斯科、查波洛什合作，聯合攻擊土耳其在亞述海地區的要塞（頓河出海口），經過數年艱苦作戰，莫斯科和君士坦丁堡於 1700 年簽署條約，莫斯科獲得亞述海和黑海的出海通道。

1700 年，北方大戰爭開始，十八歲的瑞典國王查理十二世 (Charles XII) 在那瓦戰場（現今俄羅斯和愛沙尼亞的邊境）擊敗丹麥與莫斯科的軍隊；並且揮軍南下，於 1702 年攻下華沙和克拉科夫 (Cracow)，向波蘭推薦新的國王候選人。由於擔心波蘭成為瑞典的同盟，彼得大帝命令馬澤巴出兵德聶伯河右岸，迅速成功占領了基輔和沃林領地。此際，瑞典國王西向追擊波蘭國王奧古史特 (August)❷；馬澤巴趁機西進加里西亞，占領里沃夫。在 1705-1706 年間，馬澤巴實際控制了右岸地區。當地的哥薩克人歡迎馬澤巴驅逐了波蘭人，雖然沙皇可能會將之還給波蘭國王奧古史特。

在支援沙皇對抗瑞典的北方戰爭中，哥薩克部隊遭受嚴重的傷亡；約四萬名部隊參與戰爭，有些還奉命參與建造新首都——彼得堡的建築工作。1706 年波蘭國王奧古史特慘敗，親瑞典的波

---

❷ 奧古史特原本是薩克森 (Saxony) 侯爵，兼波蘭國王；是彼得大帝旅遊歐洲結識的友人。

蘭國王上臺；1708 年瑞典國王出兵，準備攻擊莫斯科，同時謠傳
瑞典將攻擊左岸。馬澤巴向沙皇請求派兵協助防衛烏克蘭左岸地
區，遭到拒絕。同年夏天，瑞典突然轉向南進烏克蘭，準備從側
翼攻擊莫斯科。馬澤巴最後決定帶領不足四千名部隊投靠瑞典陣
營；希望藉著瑞典之助，可以達成統一烏克蘭、讓兩岸獲得獨立
的願望。不過，俄羅斯迅速出兵攻擊左岸哥薩克的首府巴圖林
(Baturyn)，嚴厲懲罰背叛莫斯科的哥薩克人，並且另行選舉斯闊
羅帕茲基 (Ivan Skoropads'kyi) 為新的黑特曼。1709 年 6 月，瑞典
國王和馬澤巴，以及查波洛什的哥薩克聯軍，總兵力約二萬多名，
抵達左岸的波勒塔瓦城。7 月 8 日與莫斯科四萬名部隊（包括哥
薩克部隊）爆發激戰，所有瑞典的將軍、軍官都被俘虜，國王查
理十二世和馬澤巴逃亡到奧圖曼帝國統治下的莫爾達瓦避難。此

圖 21：圖繪波勒塔瓦戰爭，圖中騎馬者為俄國沙皇彼得
大帝。

役確定了瑞典無法主宰中東歐和北歐，莫斯科成為新的主宰者；
沙皇彼得將「莫斯科公國」改名為「俄羅斯帝國」。

　　馬澤巴在 1709 年夏季去世；一同流亡的哥薩克人推舉歐立克
(Pylyp Orlyk) 為黑特曼。雖然歐立克和查波洛什的哥薩克人合作，
企圖重建哥薩克國家，並且在 1711 年一度侵襲右岸地區，但是未
獲得成功。歐立克和其部隊托庇於奧圖曼帝國的保護下，居住在
德聶伯河出海口地區新建的西奇（和查波洛什哥薩克共同建造）；
後來歐立克移居瑞士、德國，最後於 1742 年死於土耳其。

第八章 | *Chapter 8*

哥薩克國家的消亡

第一節　哥薩克的分野

　　十八世紀初，當時烏克蘭領域由三個大國瓜分：莫斯科公國、波蘭和奧圖曼帝國。這些烏克蘭領土主要包括：1.在莫斯科控制下的左岸「哥薩克國家」和「斯洛波達」烏克蘭；2.查波洛什哥薩克地區，在 1734 年之前受到奧圖曼帝國的保護；3.右岸大部分地區、沃林、波多利亞和加里西亞屬於波蘭領土。現今烏克蘭南部地區（黑海沿岸和克里米亞鄰近區域）若非屬於奧圖曼帝國統治，就是由克里米亞汗國管理。西南地區兩塊小地區：布科維納(Bukovina) 屬於莫爾達瓦治理，外喀爾巴阡山屬於匈牙利管治領域。

　　這個時期主要特徵是哥薩克國家或哥薩克自治區（嚴格說來，整個哥薩克時代並未形成國家體制，應該只能稱為自治形態的哥薩克地區）的自治能力與自治實質逐漸減少，直至消亡。俄羅斯

彼得大帝自執政以來，不但對外開疆拓土，而且建立中央集權的官僚行政系統。莫斯科控制的烏克蘭領域一直是俄羅斯注意的目標，在十八世紀終於先後被併入俄羅斯帝國的行政系統內。

第二節　「斯洛波達」烏克蘭

斯洛波達為現今烏克蘭哈爾科夫 (Kharkiv)、蘇米 (Sumy) 和俄羅斯聯邦的貝爾格羅德 (Belgorod)、沃羅聶茲 (Voronezh) 省區，亦即位於烏克蘭東北地區。在基輔公國時代，原本是人煙稀少的前線邊區；十三世紀蒙古入侵後，成為無人居住的荒野。在哥薩克起來對抗波蘭暴政後，居住於德聶伯河兩岸地區的部分民眾為了逃避戰火，逐漸向東方遷徙，進入斯洛波達（自由）地區。莫斯科沙皇樂見移民遷入，一方面移民充實邊區，有助於發展邊區的農牧等經濟，二方面組織移民可以增強對抗韃靼的防衛力量。十七世紀末，該區居民約十二萬人。1780 年代，估計將近一百萬居民。

這些移民仿傚哥薩克的建制，先後成立五個軍區（兼行政區）；十七至十八世紀之際，蘇米軍區的兵力一千二百三十人，哈爾科夫八百五十人，歐赫契爾卡 (Okhtyrka) 八百二十人，奧斯特羅果茲斯克 (Ostrogozhsk) 三百五十人，伊濟姆 (Izium) 二百五十人。1732 年當時哥薩克部隊規定為四千二百人（應係常備部隊），其中歐赫契爾卡軍區一千名，其他四區各為八百名。意指註冊的、後備軍人哥薩克人共二萬二千名，總共可以動員的兵力約八萬六

千名。每一個軍區都設有上校指揮官和軍官團，構成軍區的精英組合；不過斯洛波達的上校一經選舉產生，便是終身職；各軍區的上校直接向莫斯科中央政府負責，該地區沒有設立頭目（黑特曼）領導職位。斯洛波達哥薩克部隊在十七世紀由莫斯科召集對抗德聶伯河兩岸哥薩克的叛亂或入侵；十八世紀則為俄羅斯帝國擔任對外作戰工具，例如 1722–1723 年對波斯戰爭，1733 年對波蘭作戰，1735–1739 年對土耳其作戰。

斯洛波達烏克蘭的地方自治過去未曾遭到干預 ，直到 1732年，俄羅斯安那女皇 (Anna) 首度企圖削減斯洛波達的自治地位。該年作了一番調查，決定將註冊的哥薩克人數固定為二萬二千名，其他人民則需要繳納稅款，廢除一些特權，所有部隊由一名俄羅斯軍官指揮控制。俄羅斯政府的決定引發不滿和抗爭，女皇被迫取消新的規定。不過，到 1765 年，凱薩琳二世女皇 (Catherine II)終於廢除斯洛波達自治制度，將該區設置為行省，派遣總督治理之；像其他行省的總督一樣，直接向彼得堡的沙皇負責。註冊的哥薩克人像其他地區的農民一樣，成為地主、貴族屬下的農奴；哥薩克軍官（長老）則等同於俄羅斯的貴族地位。雖然出現抗爭，但是自此之後，斯洛波達烏克蘭已經成為俄羅斯帝國版圖的一部分。

第三節　查波洛什

查波洛什雖然經歷過一段不尋常、轟轟烈烈的歷史，但是最

後的命運和斯洛波達卻是相同的。自從赫梅尼茨基於 1657 年去世後，查波洛什的哥薩克部隊採取比較獨立的路線，對於統治兩岸的哥薩克黑特曼和精英懷抱敵意。查波洛什傳統上支持與莫斯科公國同盟的政策，不過十七世紀末，對於莫斯科公國和克里米亞汗國的戰爭並不滿意，他們懷疑戰爭可能導致沙皇擴大對烏克蘭南部的控制範圍，甚至包括克里米亞，屆時將影響查波洛什的自由生存空間。因此，1709 年查波洛什的頭目霍迪彥科 (Kost' Hordiienko) 和馬澤巴、瑞典結為同盟，對抗沙皇彼得一世。莫斯科派兵摧毀查波洛什各個西奇，迫使他們逃避到德聶伯河下游出海口地區，在 1711–1734 年之間，托庇於奧圖曼帝國的保護下，並且在下游建立新的西奇——歐列斯基 (Oleshky)。1733 年霍迪彥科去世，俄羅斯帝國準備發動新的戰爭；1734 年和查波洛什哥薩克簽署協議，准許他們回到原來的居住地，並且保留傳統的法律和習慣。在戰時，他們需要服從俄羅斯帝國軍方的命令與指揮；每年可以獲得二萬盧布的薪餉作為酬勞。同時，在原來被摧毀的查波洛什總部下方，重新建設新的西奇——諾瓦西奇（Nova Sich，意即新西奇），直接由俄羅斯帝國在基輔的總督管控。

從奧圖曼帝國返回查波洛什的哥薩克人數不到二萬人，為了便於控制，俄羅斯帝國將查波洛什領域劃分為八個軍區（行政區），每區由一名新西奇頭目指派的上校負責。由於查波洛什區域遼闊，相對顯得行政和政治管控仍然十分薄弱；因此繼續吸引波蘭治下右岸和左岸哥薩克國家農民前往投靠和墾荒。在 1762 年，查波洛什約有三萬三千七百名哥薩克人和十五萬名農民 (1775 年

查波洛什被吞併時，約有二十萬農民）。不過，彼得堡方面決定發展對偏遠地區的殖民事業；1750 年代俄羅斯帝國沿著查波洛什西部和奧圖曼帝國邊界區建立防衛要塞。同時邀請巴爾幹半島和中東歐地區的居民移民實邊，包括匈牙利南部的塞爾維亞人、希臘人、羅馬尼亞和保加利亞人。這些移民安置在查波洛什西北地區，形成「新塞爾維亞」(New Serbia) 區。

查波洛什哥薩克雖然不喜歡俄羅斯帝國的殖民政策，但是仍然對沙皇堅持效忠。1768–1774 年俄土戰爭期間，雖然受到嚴格管制，也未改變立場。不過，1775 年 6 月，從對土耳其戰爭獲勝返國的俄羅斯軍隊，在帖開立 (P. Tekeli) 將軍率領下，突然攻擊諾瓦西奇並摧毀之。部分哥薩克人被迫加入俄羅斯部隊，部分則以自由農民（皇家所屬農民）身分留在原地；其他約一萬名則逃向奧圖曼帝國尋求庇護，並獲准在多瑙河出海口區定居。同年 8 月凱薩琳二世女皇正式宣布廢除查波洛什自治，稱其為「政治畸形兒」；命令查波洛什地區併入「新俄羅斯」省，總督為波特金 (Grigorii Potemkin) 公爵，為凱薩琳二世女皇的情夫。波特金擴大招攬歐洲移民前來開墾，並且在黑海沿岸和克里米亞地區（自土耳其戰爭獲得的新領土）成功設置新城鎮。

第四節　黑特曼國家

在烏克蘭歷史敘述或記載，喜歡將「哥薩克國家」(Cossack state) 名之為「黑特曼國家」；《烏克蘭百科全書》記載黑特曼國家

存續時間自 1648 年起，至 1782 年止。亦即赫梅尼茨基於 1648 年發動大革命開始計算。 1667 年波蘭和俄羅斯簽署安德魯蘇窩條約，以及 1686 年簽署的永久和平條約，確定了哥薩克國家的分裂。右岸的哥薩克國家（附庸國體制）在 1700 年被波蘭廢除，左岸的哥薩克國家成為烏克蘭的政治、經濟、社會中心。所謂的黑特曼首都先後輪流是：齊西林 （1648–1663 年）、海迪亞奇（1663–1668 年）、巴圖林（1669–1708 年和 1750–1764 年），以及赫路西夫（Hlukhiv，1708–1734 年）。從 1654 年簽訂「佩列雅斯拉夫協定」起，黑特曼國家成為莫斯科的附庸國。

1708 年 11 月，沙皇彼得一世在得知馬澤巴叛變投向瑞典之後，立即任命斯闊羅帕茲基為新的黑特曼。斯闊羅帕茲基顯然比較順服沙皇的命令，而且將左岸黑特曼國家的首都自巴圖林北遷到赫路西夫，靠近莫斯科公國邊界。沙皇同時直接派任上校到哥薩克各軍區任職團長；而且將左岸地區土地大方地賜給自己的俄羅斯將軍。此外，沙皇強迫哥薩克部隊從事挖掘運河、興建堡壘的工作，以及派遣他們參加遠征作戰。 1721 年大北方戰爭結束後，沙皇彼得一世更進一步加強對哥薩克的控制。1722 年彼得堡（俄羅斯帝國新首都） 設立 「小俄羅斯委員會」 (Little Russian Collegium)，由六名軍官組成，駐守在黑特曼。委員會的任務是：1.聽取當地哥薩克人對於法院判決問題的申訴，必要時可以作出新的司法判決； 2.監督財政事務； 3.干預哥薩克長老會議對士兵和農民的迫害。小俄羅斯委員會實際成為與哥薩克政府平行的機構，甚至連一向順從的黑特曼斯闊羅帕茲基也抗議其侵犯了哥薩

克的自治權利。斯闊羅帕茲基在 1722 年 7 月去世，即委員會設立二個月後，因此他尚未與沙皇發生衝突。但是繼任的黑特曼朴路波托克 (Pavlo Polubotok) 開始反對小俄羅斯委員會的活動，沙皇也未曾正式批准這位黑特曼的選任。這位代理黑特曼在各地組織請願團，向彼得堡申訴要支持哥薩克自治政府，反對小俄羅斯委員會的存在。不過朴路波托克到彼得堡立即被沙皇囚禁，並於 1724 年底死亡；參與簽署反對的人士，同樣被監禁並擬流放西伯利亞。1725 年元月，沙皇彼得一世病逝，大部分參與反對的長老（軍官）獲得釋放返鄉。

　　黑特曼國家繼續由小俄羅斯委員會統治，一直到 1727 年，女皇凱薩琳二世廢除委員會，同年 10 月阿帕思托勒 (Danylo Apostol) 被選舉為黑特曼。恢復黑特曼職務的目的是當時準備發動新的對土耳其戰爭，需要哥薩克部隊參與；再者，原來委員會在左岸地區實施直接徵稅制，衝擊到大地主門希科夫 (Aleksandr Menshikov) 公爵的利益，公爵是支持已故沙皇彼得一世遺孀凱薩琳二世奪取皇位的功臣。不過，俄羅斯政府同時發布二十八條款的命令，節制俄羅斯與黑特曼國家之間的關係。規定：1.黑特曼不得從事外交關係活動，只能和波蘭、克里米亞汗國和奧圖曼帝國處理關於邊界問題；與這些國家的任何協定必須經由俄羅斯政府批准；2.可以繼續維持十個軍團（團編制），但只允許存在三個僱傭團；3.戰時，哥薩克部隊需服從當地俄羅斯司令的命令參加作戰；4.設立共同法院，由三名哥薩克人和三名政府指派人員組成；在當地成立委員會，準備制定新的法典；對進口外國商品的

稅收需解交帝國財政部； 5.俄羅斯人和非當地的地主可以保留他
們的土地，儘管他們沒有從北方（俄羅斯本土）帶來新的農民（農
奴）。

　　1734年，阿帕思托勒去世，俄羅斯帝國政府設立一個「黑特
曼辦公室管理委員會」 (the Governing Council of the Hetman's
Office)，替代黑特曼的職務。委員會由三名俄羅斯政府指派人員
和三名哥薩克人組成，這六人小組統治左岸「哥薩克國家」。該委
員會被烏克蘭史學家稱為第二個小俄羅斯委員會。委員會主席為
蕭霍夫斯柯伊 (Aleksey Shakhovskoi) 公爵，奉命散播謠言說以前
的黑特曼在稅務和管理有所不當，企圖說服烏克蘭人相信廢除黑
特曼制度合乎人民的利益。同時奉命暗中破壞烏克蘭長老和波蘭
或白俄羅斯士紳、右岸烏克蘭人之間的婚姻，不過鼓勵烏克蘭人
和俄羅斯人之間的婚姻結合。在 1735–1739 年俄土戰爭期間，數
萬名哥薩克人和農民動員支援戰爭；結果是傷亡三萬五千名烏克
蘭人，奧圖曼帝國被迫同意放棄對查波洛什的宗主權。1744年，
經過十六年工作，法典制定委員會終於為小俄羅斯委員會制定新
的法典。 1741 年 11 月俄羅斯宮廷政變， 女皇伊利莎白
(Elizabeth) 就位；1747 年命令照往例設置黑特曼。1750 年羅祖莫
夫斯基 (Kyrylo Rozumovsky) 被選任為黑特曼， 由於他長期居住
在彼得堡，與宮廷關係良好；執政期間，被視為黑特曼國家自治
的黃金時期。1762 年新女皇凱薩琳二世就位，羅祖莫夫斯基返回
左岸全心擴展政務 ； 1763 年黑特曼和長老集會討論司法改革問
題，結果會議演變成決定向沙皇陳情，要求女皇歸還哥薩克過去

被剝奪的權利，並准許成立類似波蘭國會的組織，意即貴族院機構。女皇命令羅祖莫夫斯基前往彼得堡，並且逼其自動辭去黑特曼一職。

1764 年 11 月撤除黑特曼辦公室之後，恢復小俄羅斯委員會的工作。1781 年廢除左岸十個軍區建制，改造為三個行省——基輔、切爾尼戈夫和諾夫哥羅德－斯維爾斯克 (Novgorod-Siversk)。1783 年農民的遷徙自由受到限制，轉變為農奴身分；同時哥薩克部隊改組為十團，併入俄羅斯軍隊中。1785 年左岸哥薩克地區已經同化於俄羅斯帝國的社會結構；而且按照哥薩克高層精英的請求，同意承認他們屬於俄羅斯貴族身分。這項承認確保他們的世襲權利（產業繼承權）和免除義務性勞務。

第五節　波蘭治下的右岸

1648 年赫梅尼茨基開啟烏克蘭反抗波蘭統治的大革命，他死後哥薩克國家分裂為左、右兩岸；同時爆發內戰與外來干預，造成雙方大量傷亡，右岸的人口急遽減少。1667 年和 1686 年波蘭和莫斯科兩個瓜分協定，確認波蘭擁有右岸的控制權。不過在 1672 年與 1699 年之間，右岸地區（包括布拉茨拉夫、基輔南部）和波多利亞是由奧圖曼帝國掌控。1699 年，波蘭自奧圖曼帝國取回右岸，一時仍然無法完全掌控該地區。因為，1702–1704 年哥薩克人帕立 (Semen Palii) 叛亂；1705–1708 年之間馬澤巴利用北方大戰爭的機會，占領右岸地區；1711–1714 年之間，馬澤巴的

繼承人歐立克，在韃靼協助下進軍右岸，企圖統一哥薩克國家。此後，波蘭才真正獲得長期的和平與穩定，也才能夠對右岸執行有計畫的殖民與波蘭化政策。

　　1714年之後數十年，波蘭的新舊貴族紛紛返回、進入右岸地區。這些貴族以開墾烏克蘭草原、為野蠻地區帶來文明而自豪。正如一個世紀前，波蘭的社會、經濟制度重新在烏克蘭生根。1760年代，估計超過二十五萬名猶太人居住在八十多個村鎮；他們有的是作為土地包租人，管理和承包貴族的土地；有的是居住在城市，控制商業貿易和手工業。在人煙稀少地區，波蘭貴族以一段時間免除稅賦或勞動義務，吸引人口密集地區的農民前來居住和墾殖。十八世紀，烏克蘭西部地區——加里西亞、貝勒茲、沃林西邊、波多利亞西邊，屬於人口密集，完全農奴化的地區，當地農民承受沉重的經濟、生活負擔。沃林東邊、波多利亞東邊、基輔和布拉茨拉夫地區的農民尚未完全農奴化，仍然享有部分的自由；不過隨著時間推移，他們享有的優惠逐漸被取消，生活負擔漸漸增加；也埋下日後不滿和動亂的根苗。此外，波蘭重回右岸的另一結果是——天主教和聯合教會的勢力再度復甦。雖然1686年的永久和平條約，給予莫斯科保留干預右岸東正教信仰的權利；不過一些東正教會的產業仍然逐漸落入聯合教會和天主教手中，東正教信徒也難免遭到迫害。

　　右岸地區除了少數哥薩克人受僱於貴族的私人軍隊外，哥薩克國家是不存在的，也沒有哥薩克帶頭的農民暴動或叛亂。不過，另一種形式的反抗活動卻開始發展，稱為「海達馬克」

（Haidamak，土耳其語，意為強盜）；意即「羅賓漢」式的強盜土匪集團。這種強盜集團多係逃亡農民聚集組合，他們拒絕接受貴族地主的農奴條件（在免稅和免除勞役年限期滿之後），逃往森林地區躲避和以打家劫舍為生。當然，烏克蘭歷史學家認為他們是英雄，專門反抗波蘭貴族的統治。「海達馬克」的生存發展，一方面是因為貴族地主的剝削所致，二方面是波蘭缺乏足夠的防衛武力（警力），烏克蘭地區的波蘭軍隊只有四千名，根本不可能保護二十餘萬平方公里的領地。1750 年「海達馬克」集團在布拉茨拉夫洗劫了二十七個城鎮、一百一十一個鄉村。1768 年，由查里茲梁克 (Maksym Zalizniak) 率領的七十人強盜集團，敦促農民起來造反：「將自己自奴隸下解放」。該集團形同流寇到處流竄、洗劫，特別是針對富有的城鎮和貴族、天主教會和猶太人，所過之處人畜不留。最後，俄羅斯女皇凱薩琳二世命令其俄國駐軍協助波蘭平亂；將他們逮捕流放西伯利亞。

　　1772 年波蘭首次遭到俄羅斯、奧地利（奧匈帝國）和普魯士共同瓜分，結束波蘭對烏克蘭領地的統治。

第六節　哥薩克的政治組織

　　哥薩克的政治行政組織基本屬於軍事建制。在 1649 年赫梅尼茨基建立哥薩克國家之前，波蘭將烏克蘭領地劃分為行政區，每區有行政長官 (starosta) 和副長官 (vice-starosta)，以及由貴族控制的法庭和其他行政官員。在哥薩克統治下，新國家劃分為若干個

軍事行政區（團級編制），1649年當時左、右兩岸共分作十六個團軍區，二百七十二個連軍區（鄉鎮級）。後來左岸的黑特曼國家單獨建立十個團軍區與一百七十四個連軍區。每一個團軍區由一位上校擔任軍事和行政長官，由於雙重職位導致上校經常成為該區的威權統治者，形成半獨立狀態；上一級的「中央」無法有效控制。剛開始時，上校是由該團軍區全體哥薩克人選舉產生；十八世紀已經演變為由黑特曼派任。

每一個團軍區分為若干個連軍區（sotina，百人隊伍），每一連由一位上尉（百夫長）領導。上尉擁有自己的行政辦公室、助理人員。起初，也是由全體哥薩克人選舉產生，十七世紀末，開始由黑特曼或上校派任。

哥薩克國家的最高行政結構包括黑特曼（頭目）、內閣和兩個委員會（理事會）——全體大會和軍官會議（長老會議，rada starshyn）。黑特曼是領導人，由全體大會選舉產生，無任期限制（實際是終身制）。理論上，他可以被全體大會以行為不當予以免職。黑特曼擁有完整的權力，包括行政、財政、司法和軍事，爾後也可以任命團軍區的上校，可以全權支配過去領地內波蘭國王產業的收入。哥薩克政府主要歲入來自對進口貨物和酒類的課稅。黑特曼有權將土地、磨坊作為獎賞贈與有功的軍人；進行外交活動。

黑特曼的內閣是行政中心，或者可稱為參謀總部，其人員由黑特曼指派，包括負責軍需的官員（秘書長）、負責財務的官員，以及兩名法官、兩名助理，及其他人員。各負責官員實際等於部

會首長。

全體大會 (general rada) 源自於查波洛什的習慣，有權選舉和罷免黑特曼。理論上，每一個哥薩克人都可以參加大會；後來擴大到農民、鎮民和職員都可以參加。其重要性漸漸減少，成為象徵性的儀式。主要的決策和代議功能，由軍官會議取代；其與會成員包括黑特曼、內閣人員、各團軍區上校和軍官。軍官會議每年召開兩次，主要功能是向黑特曼提出相關建議或諮詢。

1723 年，當時資料顯示左岸黑特曼國家分為十個團軍區，部隊人數約四萬到五萬人（指動員人數，哥薩克一萬六千五百四十名，士兵三萬八千七百零一名）。1760 年代，廢除黑特曼國家之前，當時境內人口估計：軍官（長老）約二千四百名；神職人員、俄羅斯人和其他外國人約一萬一千名；哥薩克人——註冊選任十七萬六千名，士兵十九萬八千名，候補士兵八萬名，其他一千名；城市居民三萬四千名。農村居民——私有農民（貴族私有土地的農民）四十六萬五千名，其他農民五萬名。總人口約一百零一萬七千人。

嚴格說來，哥薩克（黑特曼）國家並非真正的國家體制，也非完全獨立自主的國家。它一直處於波蘭、俄羅斯帝國或奧圖曼帝國的宗主權「保護」下，在不同時期屬於前述三國的附庸。赫梅尼茨基「建國」之初，也只是希望從波蘭方面爭取更多的自治權力。當時的政治觀念，還是君權神授，雖然赫梅尼茨基被尊稱為「摩西」，但並非君王。不過，哥薩克所表現的，可以說是烏克蘭民族主義與民族情感的發展；哥薩克時代的頭目（黑特曼）從

　　爭取個人、團體的生存權利，逐漸擴大到爭取烏克蘭族裔的生存發展。甚至涉及文化、宗教的認同與信仰。

Ukraine

第 Ⅲ 篇

近代烏克蘭

第九章 | *Chapter 9*

在俄羅斯帝國治下

第一節　瓜分波蘭

　　1772 年普魯士和俄羅斯計畫吞併波蘭部分領土；之前，俄羅斯利用波蘭國內和右岸發生叛亂之際，派遣部隊協助平亂，從而長期駐軍於該區域。 1768 年俄羅斯軍隊已經常駐於右岸地區，1769 年一支衛戍部隊派駐於里夫城（加里西亞首府）。俄羅斯向西擴張形勢，對於鄰近的普魯士顯然造成威脅。普魯士不願意波蘭成為俄羅斯的「禁臠」，因此敦促奧地利（奧匈帝國）出面參與瓜分波蘭， 藉以平衡俄羅斯在東歐的勢力擴張。 這三大強國在 1772 年首次瓜分波蘭，結果普魯士獲得波蘭沿波羅的海地區的領土；俄羅斯吞噬波蘭東北邊區領土；奧地利獲得加里西亞、貝勒茲和維斯杜拉河 (the Vistula River) 以南的波蘭西邊領土，包括克拉科夫。1774 年奧地利從土耳其（奧圖曼帝國）手中獲得莫爾達瓦，並將之併入加里西亞領地。由於領土變更，俄羅斯部隊撤出

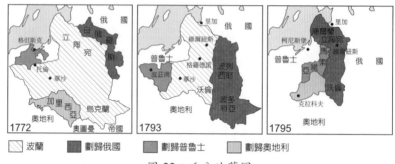

圖 22：瓜分波蘭圖

里夫。

　　殘存的波蘭在 1793 年和 1795 年進一步遭到瓜分，終於將波蘭自歐洲地圖上除名。在烏克蘭領域內，1793 年的瓜分，俄羅斯獲得基輔、布拉茨拉夫、波多利亞和沃林東部等前波蘭領地；1795 年的瓜分，獲得沃林西部和切勒姆東部。這些新領土劃分為俄羅斯的行政省區。

第二節　德聶伯區的行政劃分

　　1795 年瓜分波蘭之後，兩大帝國分別占有烏克蘭領土和其居民：俄羅斯帝國擁有約百分之八十五的烏克蘭族群，主要居住於德聶伯河流域，通稱為「德聶伯烏克蘭」。奧匈帝國則占有約剩餘百分之十五的烏克蘭人，居住於現今烏克蘭西部地區。在俄羅斯帝國統治下，大部分烏克蘭人居住在九個省區：切爾尼戈夫、波勒塔瓦和哈爾科夫三省，原屬於左岸和斯洛波達烏克蘭地區；基

輔、波多利亞和沃林三省，原來屬於右岸波蘭統治地區；卡鐵立諾斯拉夫 (Katerynoslav)、赫松 (Kherson) 和塔夫立亞（Tavria，即克里米亞），原來屬於查波洛什和克里米亞汗國領域。

除了上述九省外，其他烏克蘭人民居住地區位於九省鄰近地區。有的居住在東邊頓河哥薩克和黑海哥薩克領土地區（亞述海東岸區域），有些居住在西邊的比薩拉比亞 (Bessarabia) 省，有些居住在西北方的布列斯特和切勒姆。

在行政劃分方面，分為五個層次：1.鄉鎮；2.縣；3.省；4.地區；5.帝國，以彼得堡為帝國首都。俄羅斯的行政改革開始於1775 年，當時凱薩琳二世發布基本法，進行行政區域劃分；每一省區擁有的人口約七十萬人；其下設置縣區 （或區，俄語名為uezdy，烏克蘭語為 povity），每縣擁有人口約七萬人。帝國的各個省區由省長❶主政，1802 年之後，原來大省區（大面積地區、總督主政）改分為若干個面積較小的省區（俄語稱 gubernii）。但是，在烏克蘭仍然保留省級之上的「地區」級行政體系，在不同時期出現了「小俄羅斯總督」和「新俄羅斯總督」。小俄羅斯總督有兩個，一個是主管右岸（基輔、波多利亞和沃林三省，1831–1917 年之間） 的總督；一個是主管左岸 （切爾尼戈夫、波勒塔瓦、哈爾科夫三省，1835–1860 年代） 的總督。新俄羅斯總督主

---

❶ 省長 (Gubernator) 或總督（ governor-general 或 Gubernator-general），都屬於相同稱呼；早期總督由俄羅斯高級將領（公爵）擔任，為大地區軍政主管，下轄若干省；在行政改革過程中，逐漸改造為小面積的省份，不設總督沒有了。不過省長稱為 Gubernator，其意義和總督相同。

管卡鐵立諾斯拉夫、赫松和塔夫立亞（1797–1874 年）。總督的設置都是針對邊界、偏遠地區，其軍事意義較重。

　　省長由沙皇任命，下設省行政機關（行政局）和若干委員會（局），例如稅務、公共福利、農業等等。在縣級同樣設立行政管理機關和委員會，不過縣警察局長和首席貴族（縣內貴族會議的主席，縣長）是該縣最重要和具有實權的人物。貴族會議係由縣內年滿二十五歲、所屬土地生產額每年超過一百盧布（金盧布）的貴族所組成，會議選出首席貴族、警察局長、司法官。俄羅斯帝國是比較貧窮的國家，每一萬名居民才擁有十二名官員；相對歐洲國家的官員比例，比俄羅斯多三、四倍。俄羅斯政府無法給予官員足夠的薪資，導致地方官僚普遍性的貪污行為，以及對人民的壓榨、剝削。

第三節　社會經濟發展

　　十九世紀在俄羅斯帝國領域內的烏克蘭社會結構，基本上和十八世紀相同；社會的階級劃分或層次，包括貴族、哥薩克、農民（國家農民和農奴）、城市居民和神職人員（教會）。

　　德聶伯烏克蘭的貴族包含了俄羅斯人、波蘭人、波蘭化或俄化的烏克蘭人，以及被賦予貴族地位的哥薩克士紳（長老、軍官）。起初，按照 1785 年凱薩琳二世的賞賜貴族特權書狀，准許烏克蘭精英可以按照規定程序，經由審核和推薦，被認定為俄羅斯貴族。其結果，1790 年代初，在黑特曼（左岸）地區被承認為

貴族的人數超過三萬名，大部分原屬前哥薩克軍官。1790 年之後，新任小俄羅斯總督克雷契尼科夫 (Mikhail Krechetnikov) 認為過去的審核過於寬鬆、不實，將二萬二千七百零二名「繳稅的」貴族除名，僅保留一萬二千五百九十七名沒有疑問的貴族。克雷契尼科夫的舉動招致被除名貴族的不斷陳情和申訴；1803 年帝國政府同意部分除名者可以重回貴族行列。十九世紀初，左岸烏克蘭的貴族人數約二萬四千人。右岸和沃林地區的哥薩克，在十七世紀下半已經解散，因此難以判定他們是否具有成為貴族的資格。不過當地的波蘭貴族在 1795 年已經超過二十六萬人，並且獲得俄羅斯貴族身分。但是烏克蘭人只有五百八十七名獲得賜予貴族身分，當時俄羅斯帝國政府駁回了八萬七千件烏克蘭人申請成為貴族的案件，留置二萬二千件作進一步考量。

　　獲得貴族地位的烏克蘭人享有：1.人身、財產不可侵犯的權利；2.貴族法庭審判的權利；3.免除國家服務（勞動義務）、免稅、免除兵役和擁有農奴的權利。這些特權對德聶伯烏克蘭領域的精英無疑具有相當的吸引力，而且那些成為貴族的精英則完全融入俄羅斯帝國的社會結構中，成為帝國的統治分子，參與居住地區的行政管理工作或更上一層，參加帝國中央的政治活動。到 1835 年，對於烏克蘭貴族的審核認定工作終於結束，所有前哥薩克文武官員（低級官員除外），都被承認為世襲貴族。不過士兵和協助作戰的人員（候補人員和後勤協助人員）無法成為貴族；部分哥薩克士兵遷居城鎮，成為城市居民（商人和工匠）；部分移民到更偏遠的前線地區（繼續從軍）；大部分成為俄羅斯皇家的農民

（國家農民）。

　　1897 年的統計顯示，當時 93% 的烏克蘭人屬於農民身分，包括國家農民和農奴。國家農民原本來自於哥薩克人、前波蘭皇家農地的附屬農民，他們需要繳納各種稅款和服勞役（例如修建道路）。1801 年以後，國家農民可以承購農地，成為地主。農奴則是大地主、貴族和教會所屬的奴隸，需要為其主人執行各種義務和要求。1861 年俄羅斯沙皇亞歷山大二世 (Alexander II) 下令解放農奴，准許他們可以自由買賣不動產、經商和自由通婚。城市居民分為六個群體，包括：財產所有人、商人、工匠、非居民和外國商人、傑出的公民（銀行家、前官員、知識分子），以及非技術工人和小商販。

　　1860 年代之後的各種改革政策，直接改變烏克蘭的社會經濟生活。1861–1914 年之間，德聶伯烏克蘭區的一些貴族因為無法維持龐大的生活開銷和奢侈享受，總計被迫售出一千零一十萬公頃土地，其中六百九十萬公頃由國家農民承購，其餘由商人購入。這些貴族一方面逐漸失去土地，另方面則進入服公職之途，以謀取生計。廢除農奴制引發的行政改革當中，包括設立「地方自治局」(zemstvo)，准許地方有限度的自治（自主管理），由地方政府自行監督教育和社會服務問題。在 1865–1870 年間，「地方自治局」體制引進左岸和草原地區，1911 年之後才在右岸地區推行實施，其延遲施行係考慮到地方自治可能會提高波蘭貴族對當地的影響力。

　　另一項重要改革是司法改革。1864 年以後，所有男性公民、

無論其社會背景，在法律之前一律平等；採取公開的司法審判，並且引進陪審制度，司法獨立於行政之外，法官成為「不可調職」（意為固定職位，不予升遷和調動）的職位、並獲得適當補償。結果，當時俄羅斯的司法制度比其他歐洲法治國家的制度相對完善。

　　後改革時代另一項社會變化就是，在德聶伯烏克蘭區顯著興起不少的城市和城鎮。1863-1897 年之間，都市人口增加一倍；三百多萬人口居住於一百五十多個大小城鎮。不過都市人口持續增加，並不意味著烏克蘭族在都市人口的比率增加；在前五大都市中，烏克蘭族居民所占人口比重約 18%。絕大多數烏克蘭人仍然居住於鄉村，並從事農業勞動。由於多數烏克蘭人缺乏工業技術，無法轉型成為工業勞工；同時烏克蘭農民也持續向東方移民，開墾新農地。十九世紀下半，大批烏克蘭人向頓河和庫班(Kuban) 河流域移民，甚至遠及中亞、西伯利亞和俄屬遠東地區。在 1896-1914 年之間，估計約一百六十萬烏克蘭農民向東方移民、開拓新農地。

　　農業是當時烏克蘭的經濟命脈，俄羅斯帝國的農產品和工業原料主要供應來源來自於烏克蘭土地。十九世紀初烏克蘭農業土地面積約八十萬公頃，到 1860 年代擴大六百萬公頃的農地，農地增加使德聶伯烏克蘭地區成為俄羅斯帝國重要的穀倉和出口來源。一些統計顯示，在 1812-1859 年間，俄羅斯每年出口的小麥 75% 來自烏克蘭；1909-1913 年間，98% 的小麥、84% 的玉米、75% 的大麥和 73% 的黑麥出口，來自於烏克蘭。為了擴大出口，

圖 23：奧德塞港曾是俄羅斯帝國的重要穀物輸出港口

商港與道路建設勢所難免；黑海沿岸各港口成為出口基地，特別是奧德塞 (Odessa) 港，半數以上的俄羅斯穀物出口由該港口輸出。 1865 年第一條鐵路從奧德塞到巴爾塔 (Balta) 全長二百二十二公里建設完成。在 1914 年之前，烏克蘭鐵路網的長度為一萬六千公里。

烏克蘭工礦業在十九世紀前半，經過一些曲折變化之後，迅速蓬勃發展。其改變明顯受到帝國商業政策影響，俄羅斯帝國政府為了保護自己的工礦業生產和出口，對於烏克蘭地區生產的硝酸鹽、鉀和瀝青採取出口限制。而且也將 1726 年建廠的、黑特曼領地最大的亞麻布工廠遷往俄羅斯重建，關閉在赫路西夫的重要瓷器工廠。對於烏克蘭境內的紡織工業採取歧視性稅率，打擊其發展。但是另方面，烏克蘭的酒類釀造、肥皂、金屬和皮革製造業，以及糖、煙草加工業，獲得自由發展機會。1793 年在德聶伯

烏克蘭區擁有約二百家工業工廠，1860 年擴張為二千三百二十九家；到 1895 年已經躍增為三萬家以上。勞工僱員的人數，從 1860 年的八萬二千人增加到 1914 年的六百三十萬人。主要產業包括製糖、煤礦、鋼鐵生產，以及冶金和機器製造。1863 年，一百八十八家糖廠製造二萬四千公噸砂糖；1890 年，一百五十二家規模較小的糖廠就生產了二十九萬一千公噸砂糖。煤炭生產集中於頓巴斯 (Donbas) 地區；1880 年間，烏克蘭據統計約有二百五十家煤礦場，煤炭產量占俄羅斯帝國的 43%。

第四節　德聶伯烏克蘭區的種族

德聶伯河地區九省的居民，自然以烏克蘭族占多數；同時該地區居民由各種民族構成。根據 1897 年俄羅斯帝國首次的人口普查，德聶伯烏克蘭地區的人口總數二千三百八十八萬三千人，其中烏克蘭人占一千七百零四萬人，占總人口的 71.5%；其次為俄羅斯人二百九十七萬人，12.5%；猶太人二百零三萬人，8.5%；德國人五十萬二千人，2.1%；波蘭人四十萬六千人，1.7%；白俄羅斯人二十二萬二千人，0.9%；韃靼人二十二萬人，0.9%；以及羅馬尼亞人、希臘人、保加利亞人、捷克人等等。

非烏克蘭人的分布並不均勻，主要是集中在新興的都市，或居住於比較接近本族、本國的地區；而且也多保留自己的學校、文化、宗教信仰和生活習慣。都市地區的人口，根據 1897 年普查共有三百零八萬五千人，其中俄羅斯人占 34%，烏克蘭人占

30.3%，猶太人占 27.1%，其他占 8.6%。顯然當時烏克蘭的都市居民呈現三分天下的形勢。

俄羅斯人是烏克蘭地區第二大民族，在十六世紀下半開始進入本區，主要是軍方人員（軍官和士兵）。十七世紀隨著哥薩克自治地位逐漸消滅後，大量俄羅斯貴族受封於此，獲得沙皇賞賜土地，並且引進農奴。十九世紀末，俄羅斯族人數將近三百萬人，超過三分之一的人數居住於都市地區，特別在烏克蘭北部的都市，俄羅斯族的比例經常超過半數以上。波蘭人在烏克蘭的人數不算多，但卻是原來的「統治」精英，具有豐富的財產和文化知識，他們多集中居住在右岸地區。

猶太人可以算是原來波蘭統治時代的「管理階層」，其人口從十八世紀末的三十萬人，逐步增加到十九世紀中期的九十萬人，最後增加至 1897 年超過二百萬人。將近五分之三的猶太人居住在右岸地區，此與其歷史背景有關；另外和俄羅斯政府的限制有關，俄國限制猶太人居住於原來的波蘭—立陶宛聯合王國領地，不鼓勵猶太人向東移民進入俄羅斯領地。猶太人基本上居住於城市和小鎮市中，從事貿易、金融和工業等行業，並且掌控一些重要生產工業，例如釀酒、製糖和煙草加工。

德國移民烏克蘭開始於凱薩琳二世（她原本是德國人），1763年在女皇發布一連串的鼓勵與招攬歐洲移民命令下，德國移民開始進入俄羅斯各個邊遠地區。當時俄羅斯給予德國移民不少的優惠和鼓勵措施，包括免費贈與土地或提供極為低廉的土地、保障宗教信仰自由、給予德國移民村社自治權力、最長三十年的免稅

優惠、永遠免除兵役和勞役特惠。

　　韃靼人是烏克蘭族群中比較特殊的民族，本身在烏克蘭領域內（克里米亞半島）擁有自己的歷史，曾經隸屬於蒙古統治，十四世紀時也曾建立自己的汗國，其後成為奧圖曼帝國的附庸國。1783 年俄國徹底占領克里米亞半島之後，約八萬韃靼人移徙到土耳其境內，其餘十七萬人留下來。十九世紀前半，韃靼人持續移居土耳其；到 1854 年，韃靼人在克里米亞半島總的人口所占比率降至 60%，比俄國占領前的 90% 減少三分之一。到 1897 年，克里米亞半島的韃靼人十八萬八千人，占人口比率已經降至 34%。韃靼人不僅人口大幅減少，而且自身的社會、經濟地位也急遽下跌，其伊斯蘭宗教信仰和文化也遭到摧殘。許多原有的汗國建築物與伊斯蘭寺院被摧毀，韃靼人則被農奴化，一直到 1861 年才獲得解放。

第五節　烏克蘭民族復興運動

　　當代的研究學者將東歐民族運動的發展區分為三個階段：在初始階段，是由一些學者型的知識分子開始搜集歷史文件、民謠和屬於本族個人創作的工藝品；第二個階段可以發現本族語言（方言）逐漸被應用於文學創作和教育活動方面；第三個階段是出現本族的政治性組織、團體，並且以推動本族的政治自治或獨立為訴求目標。這種「本土化」運動，十八至十九世紀在烏克蘭人居住地區逐步發展，形成一股烏克蘭民族復興運動。

　　首先需要說明，在德聶伯河右岸地區的波蘭人居住地成為波蘭民族運動的據點，該區波蘭人因支援 1830–1831 年的波蘭動亂，從而迫使沙皇政府採取反制措施，先行廢止波蘭學校（禁止使用波蘭語文作為教學工具），以俄羅斯學校代替之。1838 年沙皇任命新總督比比科夫 (D. G. Bibikov) 管理右岸三省，採取嚴厲的管理方式；企圖削弱波蘭貴族在右岸的影響力。為此，發布若干政令，一方面減少農奴的負擔和改善他們的生活。二方面親自主持貴族委員會，重新審查波蘭貴族先前獲得貴族身分的實情，並且修改貴族的特權條例。結果在 1840–1845 年之間，共有六萬四千名被廢除貴族地位；因為他們無法提供充分可證明文件，以證實其貴族地位。同時期，一些波蘭人或波蘭化的烏克蘭貴族子弟，在基輔接受教育並且要求解放農奴和社會民主化；他們認為波蘭的復興必須依賴農民的支持，因此需要了解農民、展現對農民的愛心，並且也覺悟到過去剝削農奴是罪惡的。一部分青年學子拒絕承認他們是波蘭人，而且開始追溯其祖先可能是烏克蘭人。過去的多重民族認同，開始有了變化；意即必須選擇波蘭或烏克蘭作為自己的民族。這些選擇烏克蘭作為自己民族的波蘭貴族子弟包括：著名的語言學者米海秋克 (Kostiantyn Mikhal'chuk)，烏克蘭第一位專業歷史學家安東諾維奇 (Volodimir Antonovych)，及其他著名人士。

　　在烏克蘭民族復興運動過程，建立所謂民族認同方面，烏克蘭知識分子如同東歐人士一樣，開始注意其族群的特徵，以及民謠、語言和文學方面的差異。在起初的階段並未有意識、擬定前

提計畫以創造民族認同。十七世紀末，德聶伯河左岸的哥薩克貴族為了證明自己的身分地位（其中涉及沙皇政府數度重審哥薩克貴族身分，需要證明文件），特別熱衷於搜集歷史文獻和相關證物；有些甚至編寫歷史書籍，從而帶動烏克蘭史的研究風氣。1777 年首次出版《小俄羅斯編年史簡史》（*Kratkaia letopis' Malyia Rossii* 或 *A Short Chronicle of Little Russia*），其後陸續出現新的歷史著作。1822 年班提什卡門斯基（Dmitrii Bantysh-Kamenskii，貴族）著作並出版了四卷的《小俄羅斯史》（*Istoriia Malorossii* 或 *History of Little Russia*）。1842–1843 年，馬開維奇 (Mykola Markevych) 編纂了五卷的《小俄羅斯史》。

　　1777 年，卡利諾史基 (Hryhorii Kalynovs'kyi) 出版了《小俄羅斯和斯洛波達烏克蘭省區烏克蘭結婚習俗歌謠敘述》（*Opisanie svadebnykh ukrainskikh prostonarodnykh obriadov v Maloi Rossii i slobodskoi ukrainskoi gubernii* 或 *Description of Ukrainian Folk Marriage Customs in Little Russia and the Sloboda Ukrainian Provinces*）。1819 年徹鐵列夫 (Nikolai Tsertelev) 公爵出版了《古代小俄羅斯歌曲彙編》。馬西莫維奇 (Mykhailo Maksymovch) 是第一位有系統編輯烏克蘭民謠的作者，1827 年出版《小俄羅斯歌曲》，1834 年出版《烏克蘭民族歌曲》，1849 年出版《烏克蘭民族歌曲彙編》。馬西莫維奇的搜集強調烏克蘭和俄羅斯民歌之間的差異，其搜集對烏克蘭知識分子造成衝擊，讓他們發現烏克蘭民族本土文化的豐富。

　　另一個文化傳承項目是語言，原先烏克蘭和俄羅斯的學者並

圖 24：烏克蘭「文學之父」柯梁列夫斯基

未意識到烏克蘭語的差異性，只是認為它是一種俄語方言。1798年烏克蘭「文學之父」柯梁列夫斯基 (Ivan Kotliarevskii) 以拉丁字母寫作詩歌，開啟了烏克蘭文字的改革。不過由於對烏克蘭文拉丁化缺乏信心，加上俄語字母（Cyrillic，從希臘字母演變而來）原本是烏克蘭語的應用字母。因此，1840年馬西莫維奇就表示：「以小俄羅斯語所寫的每一樣作品，多少有點矯揉造作的味道。」

十八世紀末和十九世紀初，本土化初始階段在歷史和民謠方面獲得不少成果；雖然在語文和文學領域的收穫有限。不過，1805年哈爾科夫大學和1834年基輔「聖伏拉季米爾大學」(the University of St. Vladimir) 兩所現代大學的設立，卻成為烏克蘭民族發展的重要搖籃。哈爾科夫大學設立的目的是為了培訓帝國的官員；不過隨著拉丁語、法語和德語的教學，將歐洲的浪漫主義和民族主義也引進來。結果，在1820年代，該大學成為第一個烏克蘭文化復興中心；一些著名的民俗學者和作家在大學中活動，並出版烏克蘭文學雜誌。

基輔大學設立的目的在於將過去波蘭政治、文化對右岸的影響予以削減，並且使波蘭文化融合於俄羅斯文化之內。在俄羅斯

化政策指導下，原有的波蘭中等學校改以俄語教學；在維爾紐斯的波蘭大學關閉，遷移到基輔成為「聖伏拉季米爾大學」。大學教授首先關心到烏克蘭和白俄羅斯的歷史問題，希望透過歷史研究將該地區（已經成為俄羅斯的西部領土）與帝國的未來發展相結合。俄國教授本意是要證明西部地區本來是斯拉夫族的區域，在大斯拉夫主義的意識形態主導下，結合為俄羅斯帝國的一部分。1843 年俄羅斯成立帝國考古委員會，從事搜集和出版歷史文獻；也直接促進烏克蘭的歷史研究工作和出版。

　　俄羅斯政府從學術領域支持歷史研究和文學創作，而且也設立相關的學術組織，雖然其用意是在擴大斯拉夫主義思想、消除波蘭的文化影響、推動俄羅斯化；但是相對提供學者進行烏克蘭歷史與文化的研究機會。

　　到 1840 年代中期，基輔已經成為烏克蘭愛國主義小團體聚集中心；當時成立了「神聖基里爾字母和教學法兄弟會」(Bratstvo Sviatoho Kyryla i Metodiia)，其目的在宣傳社會平等、兄弟情誼和烏克蘭愛國主義，強調對烏克蘭的認同感。兄弟會要求廢除農奴制度、設立學校和普遍教育群眾。由於這種帶有反沙皇性質的團體遭到秘密警察滲透，1847 年參與成員大都被逮捕下獄或流放，組織幾乎完全被消滅。受到迫害的領導人物包括烏克蘭詩人謝福欠科（Taras Shevchenko，其聲名與俄羅斯文豪普希金相等），他被流放到烏拉山地區，受到嚴厲監視，禁止寫作和繪畫。所有被捕的人員在刑期未滿之前都禁止在烏克蘭居住。

　　1855 年沙皇亞歷山大二世就位後，俄羅斯呈現改革氣氛，同

圖 25：謝福欠科雕像

時秘密警察的監督或恐怖作為也趨緩。被流放和監禁的烏克蘭學者都獲得釋放，彼得堡很快成為神聖兄弟會的活動中心。烏克蘭學者和作家迅速發表他們的烏克蘭文著作，包括主日學的烏克蘭語教材。1861 年由烏克蘭著名歷史學教授柯斯托馬羅夫 (Mykola Kostomarov) 成立的「赫羅馬達」（原文為社會）組織，獲准出版第一份烏克蘭文期刊《歐斯諾瓦》(*Osnova*)。在該刊物二十二個月的存續期間，扮演著溝通和激勵烏克蘭知識分子民族意識的角色。在烏克蘭城市，也陸續出現新的烏克蘭文期刊和著作，整體顯現烏克蘭民族運動的蓬勃發展。

　　對於烏克蘭的「文化發展」，俄羅斯起初並未予以注意；但是到了 1860 年代，一些俄羅斯愛國團體的成員開始爭論烏克蘭文是

否屬於俄國的方言？烏克蘭文化是否最終融合於大俄羅斯文化潮流中？學者的爭論逐漸轉變為政治性爭論。小俄羅斯的各省總督收到愈來愈多的報告，有關烏克蘭領導精英企圖將烏克蘭和俄羅斯分離。這些情報傳送到俄羅斯中央，結果促使沙皇政府再度迫害烏克蘭民族運動。1863 年 7 月，俄國內政部長瓦路耶夫 (Peter Valuev) 發布命令，禁止用烏克蘭文出版宗教和教育用書籍，以及內容可能具有政治挑撥的書籍。對於純文學的書籍，仍然可以烏克蘭文出版；但是對宗教和教育的限制，無疑遏阻烏克蘭民眾對民族意識的啟發與認知。1875 年，基輔地理學會的發起人之一兼政府官員尤澤霍維奇 (Mikhail Iuzefovich) 向彼得堡發出兩封備忘錄，聲稱基輔再度成為烏克蘭分離主義的重心。同年，沙皇亞歷山大二世任命委員會提出「俄羅斯南部烏克蘭化宣傳」報告。委員會的報告聲稱，烏克蘭化活動對國家具有危機性；並且建議擴大瓦路耶夫禁令的範圍，禁止所有的烏克蘭文書籍出版和自國外進口，特別是自加里西亞。戲劇、文學和歌曲都應禁止，有嫌疑的組織和報社應該關閉，「具危險性」的親烏克蘭的教師應該離開教室。總之，俄羅斯官方準備完全認定烏克蘭語文和烏克蘭民族是不存在的。1876 年 5 月，沙皇接受委員會的建議，並發布命令實施之。

　　四、從十八世紀到十九世紀中葉，烏克蘭的學校數量呈現減少趨勢。1856 年，烏克蘭九省的初級、中等和高等學校共計一千三百二十所，學生人數六萬七千名，只有 0.5% 的就學率。1860 年代的改革後，給予學校發展和擴充機會；包括大量出版烏克蘭

文的初級學校教材和烏克蘭語文法書籍。學校數量在 1898 年增加為三千一百所，1909 年增加到四千七百所和四十六萬名學生。

　　由於俄羅斯帝國並未實施強迫性的義務教育，對教育的投資低於西方水準。二十世紀初，估計烏克蘭三分之二的學齡兒童從未入學；九省居民的識字率只有 18%，而且在鄉村地區 91–96% 的居民是文盲。雖然烏克蘭學校屬於官方掌控範圍，無法進行烏克蘭文化或民族意識教育，但是就學率的低落和廣大文盲群眾，相對地，卻有助於保護烏克蘭人對抗俄羅斯化，間接保留了烏克蘭人民的本土化意識和生活方式。

第十章 │ *Chapter 10*

在奧匈帝國治下

第一節　奧匈帝國治下的烏克蘭土地

　　奧匈帝國在 1772 年首次參與瓜分波蘭之際，獲得烏克蘭人居住地區的加里西亞 ； 1774 年自奧圖曼帝國奪得莫爾達瓦北部山區，稱為布科維納，同樣屬於烏克蘭族居住區，其後併入奧地利的加里西亞省。另一個烏克蘭人居住區為外喀爾巴阡山地區，早在十一世紀就屬於匈牙利的領土，因此繼續作為奧匈帝國內部屬於匈牙利的領土。上述三個烏克蘭族居地在十八世紀末完全隸屬於奧匈帝國的統治領域，二十世紀之後通稱為烏克蘭共和國的西部地區。加里西亞省的土地面積為八萬二千平方公里，人口約二百七十萬人。1849 年，人口增為四百九十一萬九千人，其中烏克蘭人二百三十萬零三千人，占 46.8%，主要居住於加里西亞東部地區；波蘭人二百二十五萬八千人，占 45.9%，猶太人三十二萬八千七百人，占 6.7%。

第二節　早期的改革

　　在哈布斯堡王朝統治下的烏克蘭人居住區，其社會生活狀況
只有「貧窮」一詞可以形容之；烏克蘭人社會當中，只有兩種人
群或階級，一是農奴，二是東正教的教士。絕大多數的烏克蘭人
處於農奴的地位，為其地主提供的勞動義務每週需要五至六日。
1819 年農奴平均持有的耕地是十四英畝，貴族的土地是一千零五
十一英畝；1848 年，農奴的耕地減為九‧六英畝，貴族增加為一
千四百英畝。農奴耕地減少和勞役負擔，生活之坎坷不在話下；

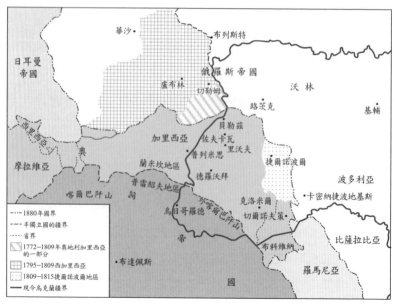

圖 26：1772-1914 年的西烏克蘭

而且與地主相較，明顯呈現貧者愈貧、富者愈富的現象。在
1830–1850 年之間，加里西亞東部的死亡率超過出生率，而且烏
克蘭農民的平均壽命只有三十至四十歲。

東正教教士（神職人員）屬於烏克蘭族群的領導階層，因為
原來的烏克蘭貴族在十六至十七世紀的時候已經「波蘭化」和改
宗天主教。低層的神職人員可以結婚、建立家庭，不像高級教士
（神甫）需要禁慾守身。十九世紀在加里西亞東部，約有二千至
二千五百個神職人員家庭，相互間的集會和聯誼、通婚，緊密結
合為一個團結的社會團體。由於缺乏足夠的神學訓練，十八世紀
末到十九世紀初，許多東正教教士只會朗誦斯拉夫語的教會儀式
經文。漸漸地，他們的世界觀幾乎不比農民寬廣。波蘭貴族根本
瞧不起這些教士，即使在哈布斯堡王朝統治下，波蘭貴族強迫教
士在他們領地工作的例子並不少見。這種情形反而產生積極的效
果，就是東正教教士更密切地和農民發展個人的、文化的聯繫，
教士成為農民的領導人和指導者，而非單純的宗教關係。

十八世紀末，哈布斯堡王朝進行的改革同樣推廣到加里西亞，
改革目的在改造社會結構，特別是提高生產力。而維也納對加里
西亞的目的是雙重的：首先意在瓦解舊式貴族統治的體系，並以
受過訓練、中央領導的官僚行政體系代替之；其次是改善非貴族
人口的社會經濟狀況。1786 年，加里西亞廢除波蘭法律，實施奧
地利司法制度；同時廢除貴族會議。為了緩和波蘭貴族的抗爭，
設立「神聖會議」(Assembly of Estates)，由貴族和僧侶組成；會
議沒有決策權，只能向皇帝提出申訴、請願。加里西亞全省分作

十八個地區，各區行政長官由維也納指派的德語官員擔任。省長
（總督）由皇帝欽命，省行政機構設在里夫城，該城市為省的行
政和司法中心。

　　最重要的改革對象當然是農民。1781 年開始逐步廢除農奴制
度，首先是將農奴對地主提供的免費勞役限制在一年不得超過一
百五十六日（最貧窮的農民，其勞役日數更少），並且嚴格限制提
供地主的額外服務。農奴在其分配的土地上的工作權利受到法律
保障；農奴獲得個人的權利，例如農奴的婚姻無需得到地主的准
許，可以自由遷移到其他耕地耕作（可以自由更換東家），並且可
以向法庭提出對地主的控訴。東正教同受改革之賜，奧匈帝國提
升東正教的地位和羅馬天主教於平等地位。波蘭地主不得干涉東
正教教士的任命，東正教神職人員的薪資由政府給予，大幅改善
他們的經濟生活。 1808 年重新在哈利奇成立東正教宗主教辦公
室，作為東正教的宗教信仰中心。

第三節　加里西亞早期的民族運動

　　最先出現的烏克蘭民族文化傳承搜集中心是在 1816 年，一群
東正教的教士在佩列米什試圖建立協會以便推動和組織學校的創
辦，可惜他們的努力無法落實。不過同年東正教會本身在斯拉維
諾－魯辛 (Slaveno-Rusyn) 設立機構，專責出版小學教科書和相關
書籍。對於加里西亞當地的歷史研究也出現了，有趣的是，首先
從事這項研究的是一位奧地利官員恩格爾 (Johann Christian von

圖 27：今日的里沃夫城

Engel)，他在十八世紀末出版兩卷德文的《加里西亞－沃林王國史》（1792-1793 年出版）。恩格爾認為加里西亞是匈牙利的世襲領土，在回歸匈牙利（奧匈帝國）之前，被波蘭非法占領數世紀。儘管觀念不同，該書出版確實讓烏克蘭人了解往昔的輝煌史實。

　　加里西亞本地的烏克蘭人朱布里斯基 (Denys Zubryts'kyi) 是第一位從事本族、本地歷史研究的學者，而且本人並非教士。他出版一系列關於加里西亞的歷史敘述，包括 1836 年對羅斯民族的調查、1844 年里夫城史實。朱布里斯基的著作多以波蘭文、德文出版，後來也以俄文出版。由於他的思想比較傾向俄羅斯主義，認為俄羅斯族分為三支——大俄羅斯、白俄羅斯和小俄羅斯；因此受到俄國學界的認同和歡迎。無論如何，斯拉夫學者之間的互動，無論是俄羅斯帝國或奧匈帝國的學者，對激發加里西亞烏克蘭人的民族情感倒是起了作用。例如，波蘭學者札列斯基

(Waclaw Zaleski) 和保立 (Zegota Pauli) 出版了加里西亞烏克蘭民
謠。對於烏克蘭字母的爭議，也逐漸出現在學者之間；沙士開維
奇 (Markiian Shashkevych) 是加里西亞烏克蘭族的著名學者，1836
年他首次拒絕使用拉丁字母，採用希臘字母出版其著作，聲稱拉
丁字母不適用於烏克蘭語言。同時，他和兩位同僚共同創辦「羅
斯三一」(Rus'ka triitsia) 社；該社廣泛搜集民俗歌曲，並且以加
里西亞－烏克蘭的方言出版詩集。但是三一社的活動引起官方的
注意和調查，迫使其出版印刷工作轉到匈牙利首都布達佩斯進行，
該地的檢查作業比較寬鬆。三一社最著名的出版品《德尼斯特河
的女神》(*Rusalka Dnistrovaia*，1837 年)，就是在布達佩斯出版
的。《德尼斯特河的女神》一書出版之後十年，加里西亞烏克蘭人
的文化生活著作，多局限於個人的創作。包括朱布里斯基的歷史
著作，一些闡述語言學和拼音方面的文法書籍。

　　1848 年法國二月革命爆發，革命浪潮迅速波及到中東歐國
家。原本被奧匈帝國吞併的波蘭屬地內，波蘭族居民的反抗意識
和活動一直相當頻繁；法國革命風潮同樣給予加里西亞居民新的
政治機會。3 月，維也納的市民起而要求立即引進公民自由權利
（出版自由、司法審判、公民權利、學術自由），以及解放農民、
實施憲政政府。同時間，革命消息傳到加里西亞，波蘭人立即組
成「波蘭民族會議」(Polish National Council)，要求擴大波蘭人在
居住地——加里西亞的自治權利。不過，加里西亞的總督史塔迪
翁 (Count Franz Stadion) 巧妙利用了波蘭族和烏克蘭族居民之間
的矛盾，採取「分而治之」的策略，暗中扶持烏克蘭族以制衡波

蘭族的獨立訴求。史塔迪翁鼓勵烏克蘭領導分子出面提出自己的
請求，結果是烏克蘭族在 4 月 19 日正式向奧地利皇帝提出訴願，
要求承認烏克蘭族為單一民族（不是波蘭族的分支）、將加里西亞
分割為波蘭區和烏克蘭區。5 月間，在里夫城東正教主教雅西莫
維奇 (Hryhorii Iakhymovych) 協助下，第一個烏克蘭政治組織「魯
迪尼亞最高會議」 (Supreme Ruthenian Council/Holovna Rus'ka
Rada) 終於成立。最高會議發表聲明，聲稱烏克蘭人是不同於波
蘭人、俄羅斯人的民族，是偉大的魯迪尼亞族的一部分。最高會
議迅速在加里西亞東部設立三十四個分支機構。

　　但是，加里西亞的波蘭族領導分子對烏克蘭族的發展和聲明
非常不滿；他們立即發行一些傳單和小冊子，駁斥並辯稱：加里
西亞的魯迪尼亞人不過是信仰希臘正教的波蘭人，烏克蘭語是波
蘭的一種方言。而且為了對抗烏克蘭族的「魯迪尼亞最高會議」，
1848 年 5 月下旬，由波蘭化的烏克蘭貴族出面成立「魯迪尼亞大
會」(Rus'kii Sobor)。波蘭族的對抗並未獲得成果。4 月 22 日，總
督史塔迪翁提前宣布加里西亞終結農奴制度，發布解放農奴條例
（帝國政府於 5 月 15 日下令解放農奴）；對波蘭貴族和地主的利
益是一項沉重的打擊。烏克蘭族企圖將加里西亞分割為二區（兩
個省）的訴求並未成功；不過，6 月間在布拉格舉行的泛斯拉夫
代表會議，雙方達成妥協：在波蘭人占多數的學校，採用波蘭語
教學；在烏克蘭人占多數的學校，則採用烏克蘭語教學。雙方迴
避了「加里西亞是波蘭族的領土」類似爭論問題。

　　1848 年也是加里西亞烏克蘭民族運動踏上組織階段的一年，

不僅創辦了首份的烏克蘭文報紙和大量增加的烏克蘭文作品，而且也是首次舉行加里西亞烏克蘭文化協會會議、魯迪尼亞學者代表大會。魯迪尼亞最高會議也創辦一個文化組織，稱為「民族之家」(National Home/Narodnyi Dom，按照烏克蘭語，亦可稱作人民之家)。民族之家的建築物是奧地利政府所贈送。

　　最後，加里西亞烏克蘭族也成立自己的軍隊；這是根據奧地利皇帝要求各省建立省衛隊的呼籲而建軍。烏克蘭族成立兩個軍隊，一個是農民前線防衛隊，另一個是魯迪尼亞快槍隊；都是志願軍組合，並效忠哈布斯堡王朝皇帝，協助平息叛亂活動。

第四節　後半時期的行政與社會經濟

　　奧匈帝國在 1848 年 3 月興起的革命浪潮，隨著翌年 8 月擊敗匈牙利之後，進入新的時代。奧地利走入「新專制」時期，帝國政府企圖推翻 1848 年革命浪潮時所作的承諾與革命成果，以及恢復皇帝的專制權力。1854 年，帝國政府解除對加里西亞（以及匈牙利）實施的戒嚴統治，重新設立文官治理制度。設置由皇帝直接任命，並且只向皇帝負責的總督；全省的行政結構也作了調整。1867 年，十九個區 (Kreise) 劃分為七十四個郡（鄉鎮、小區）；稍後，進一步劃分為八十三個郡（鄉鎮）。每一個郡設立郡長（starosta，行政長官），負責該郡行政。此外，存在兩個自治市：里夫和克拉科夫 (Cracow)。布科維納原本併入加里西亞省，1849 年 3 月帝國憲法曾建議將其作為單獨一省；不過憲法未曾正

式生效，到 1854 年布科維納成為獨立省份，1860 年再度併入加里西亞省。外喀爾巴阡山地區，本來就是匈牙利的一部分，也受到戒嚴法的管制；其後劃分為若干郡（鄉鎮），由匈牙利的官員管理。

　　在中央集權統治下，加里西亞的首任總督是波蘭裔的哥魯丘夫斯基 (Agenor Goluchowski) 伯爵，係加里西亞的大地主出身，為奧地利皇帝約瑟夫 (Franz Joseph) 的摯友與親隨。他在 1849–1875 年間三度任職總督，並且在 1859–1861 年間擔任帝國政府內政部長；利用皇帝的信任，安置波蘭人擔任並壟斷加里西亞省的高層行政職務、教育體系和經濟領域。這種情形一直維持到 1914 年第一次世界大戰爆發。哥魯丘夫斯基成功地阻止了維也納將加里西亞劃分為兩個省的企圖，也成功地將日耳曼官員排除，將德語中學更改為波蘭語學校，同時限制烏克蘭語學校的進一步發展。他甚至在 1859 年企圖引進拉丁字母作為烏克蘭出版品的字母，在遭到烏克蘭領導精英極力反對下，終告失敗。

　　1859 年奧匈帝國對法國戰爭失利，加上受到義大利薩丁尼亞 (Sardinia) 邦企圖將義大利統一為民族國家的影響，帝國被迫在內政作出相對的妥協。1861 年 2 月提出的君王立憲體制和代議制政府，象徵新時代的開創。奧地利各省准許設立省議會，中央的國會由各省選派代表組成。1861 年布科維納又成為獨立的省份，一直到帝國解體。在憲政體制下，加里西亞和布科維納的烏克蘭人獲得積極參與省議會和國會的政治活動機會。1866 年普魯士擊敗奧地利，使奧地利喪失對中歐日耳曼諸邦國的影響力（1871 年俾

斯麥聯合各邦組建德意志帝國）；戰爭失敗，維也納將之歸咎於匈牙利未能全力支援。爭論結果，奧地利和匈牙利於 1867 年 5 月達成協議，除了外交、貨幣、海關和軍事，屬於奧匈帝國直接管控外；其他事務，由奧地利和匈牙利各自的國會（內閣）管理之。同年 12 月修訂的憲法，規定保障公民個人的平等權利、出版言論和集會的自由；以及各少數民族的權利受到保護，包括其語言在當地學校、行政機構和公共場所自由使用的權利。奧地利政府為了爭取加里西亞的支持，對哥魯丘夫斯基和波蘭人作出讓步，同意准許省內一些行政變動。波蘭語成為省內行政、中等學校、里夫大學、寄宿學校的行政教學語言（省內官方語言）。這種情況下，雖然烏克蘭族的少數民族權利還是受到法律保障；事實上，持續遭到波蘭族勢力的「迫害」，兩個民族之間的社會、政治、教育利益不斷發生衝突。

　　加里西亞在十九世紀前半時期，屬於低度發展的農業區域，其作物被哈布斯堡帝國西部較為發達的省份所利用或剝削。不過在後半時期，其農業經濟狀況有了明顯改變。首先其人口迅速增加，1849 年加里西亞總人口四百九十萬人，1910 年大戰前夕增加到七百九十萬人，其中波蘭人三百六十二萬七千人，占 45.9%；烏克蘭人三百四十二萬二千人，占 43.3%；猶太人八十七萬二千人，占 11%；日耳曼人六萬五千人，占 0.8%。在這段時間，烏克蘭人占加里西亞人口比例從 47% 降至 43%；在加里西亞東部地區的占有比例，從 71% 降至 62%。烏克蘭人比重減少的原因，一是波蘭人從加里西亞西部向東部擴大殖民化的結果，二是烏克蘭人

自 1880 年代開始大量向美洲新大陸移民。由於人口增加，相對農民平均擁有的農地面積大幅減少，在 1859 年農民平均持有的土地是五公頃，1880 年減為三公頃，1900 年再減至二‧五公頃。生活困頓，農民罷工事件就不斷發生，特別在二十世紀初期更為頻繁。同時，1881–1912 年估計約四十三萬名烏克蘭人離開加里西亞和布科維納，移民到美國、加拿大和巴西。另外，外喀爾巴阡山地區有十七萬人離開故鄉移民新大陸。

改善加里西亞經濟可能是唯一阻止人口外流的方式，但是進展仍然有限。鐵路建設自 1860 年代開始，截至 1914 年，加里西亞三個省區的鐵路總長度共達三千七百公里。同時，外來投資逐漸增加，包括原來移民匯款回家的數量增加，有助於改善當地的經濟生活。1902 年止，加里西亞的工業工廠三百三十五家，僱用員工二萬六千人。1910 年，工廠增加為四百四十八家，員工人數共三萬六千人。工人主要受僱於食品加工（占工人數 34%）、木材加工 (20%)、製衣業 (16%)、礦業（石油開採，15%）、冶金與機器製造業 (10%)。

第五節　後半時期的民族運動

在 1848–1849 年間，烏克蘭的文化、組織和政治活動突然獲得顯著的成果；雖然大部分是由奧地利帝國政府倡議鼓動而造就的。其後，1849–1914 年之間，烏克蘭族的民族運動，特別是加里西亞烏克蘭族，同步進入第二階段（組織階段）和第三階段（政

治階段）。在民族運動進入這些階段之前，首要的任務是凝聚或建立烏克蘭族的民族認同問題。1848 年以前，加里西亞烏克蘭族精英考慮的民族認同問題只是涉及波蘭化和「羅斯」愛國主義兩個層面。波蘭化的含義就是接受加里西亞烏克蘭族雖然是東斯拉夫族的分子，卻是波蘭族的分支——魯迪尼亞人，語言屬於波蘭方言、宗教信仰屬於希臘正教，不同於波蘭人的羅馬天主教。「羅斯」愛國主義分子則認為他們所說的語言和文化不是波蘭的，而是比較接近俄羅斯帝國的東斯拉夫族的分支。1848 年以後，波蘭化傾向對烏克蘭族不再具有吸引力。

　　十九世紀下半，烏克蘭族的「羅斯」傾向發展，分成三個不同的方向。一是「舊的魯迪尼亞」，二是烏克蘭化，三是俄羅斯化。羅斯愛國主義分子在初期發展階段，可以說都屬於「舊的魯迪尼亞人」（原義為老羅斯人，即溯源於基輔公國時代的羅斯）。當然，在 1830 年代一些烏克蘭領導人已經顯現烏克蘭化趨勢，1850 年代部分烏克蘭領導人則出現俄羅斯化傾向。這三個發展傾向或他們的領導分子，都相信奧地利東斯拉夫族的來源，必須溯源於中世紀的「基輔羅斯」；他們是羅斯的人民，應該自稱為羅斯人 (Rusyns/Ruthenians/Rus'kyi)。不過，烏克蘭化主張者認為羅斯是舊時的稱呼，應該使用現代化的稱呼「烏克蘭」。俄羅斯化主張者聲稱羅斯是現代「俄羅斯」一詞 (Russkii, Russian) 的古代稱呼；真正俄羅斯人說的是俄羅斯語，小俄羅斯語屬於俄羅斯的方言。舊的魯迪尼亞人一派則維持不變，自稱為羅斯人，不過範圍限定於對哈布斯堡王朝領域內的同族人的稱呼。

1861 年，年輕一代的烏克蘭精英在里夫成立「魯迪尼亞俱樂部」(Ruthenian Club/Rus'ka Besida)，屬於社會性質的團體。三年後，該俱樂部創辦第一個烏克蘭劇院（劇團），其幹部來自加里西亞和德聶伯河烏克蘭，並且成功地在里夫和鄉村地區登臺表演。1868 年里夫出現新的、最具影響力的「啟明協會」(Prosvita Society，原義為照明、啟發)，目的在推動群眾和學校的文化、教育。從 1870 年代開始，更集中於對人民群眾的工作，包括提供成人教育班、鄉村讀書室，出版烏克蘭文的歷史、文學教科書和作品。1890 年代，啟明協會跨足於經濟領域，組建商店、社區商店、儲蓄和貸款銀行，以及農業和商業合作社。到 1906 年，該協會擁有三十九家分支機構、一千七百個讀書室，以及一萬名會員。在 1869–1914 年之間，共出版八十二種作品、六十五萬五千份，全部是用烏克蘭文印刷。當然，合作社運動的發展不單是啟明協會一家的作為。到第一次世界大戰前夕，共出現超過五百家的烏克蘭合作社和信貸組織。1873 年「謝福欠科協會」(Shevchenko Society) 成立於里夫，其財政援助來自於德聶伯烏克蘭的領導精英；1892 年該協會改名為「謝福欠科科學協會」，成為烏克蘭非官方的「科學院」。

　　加里西亞烏克蘭的民族運動在十九世紀下半，力圖爭取將加里西亞省分成二個省（波蘭族和烏克蘭族各自治理的省）；烏克蘭語言成為學校和官方語言；設立烏克蘭大學；實現廣泛的公民投票權。烏克蘭族的任何企圖或民族利益，難免與波蘭族發生對立、衝突。1848 年成立的「魯迪尼亞最高會議」在 1853 年被迫解散；

「舊的魯迪尼亞人」派的領導分子於 1870 年透過成立「魯迪尼亞理事會」(Ruthenian Council/Rus'ka Rada)，恢復原來最高會議的功能。不過比較激進的民粹主義分子 (populists) 認為無法和「舊的魯迪尼亞人」合作，在 1885 年自行建立自己的「民族理事會」（Narodna Rada，意為人民代表大會或人民會議）。1900 年，俄羅斯化一派的領導人物成立另一個 「民族理事會」（Narodnyi Soviet，人民蘇維埃）。這三派的組織存續到 1914 年，但是對政治發展並未有任何長期性的影響力。比較具有影響力的是政黨組織，由於波蘭族和烏克蘭族之間的種族衝突不斷，維也納要求雙方和解，緩和種族矛盾。1890 年代，加里西亞總督巴德尼 (Kazimierz Badeni) 尋求和主張烏克蘭化一派的領導進行合作（舊的魯迪尼亞人一派是死硬反對波蘭族的派系；俄羅斯化一派是傾向俄國沙皇，與奧地利的立場是對立的）。在德聶伯烏克蘭領導敦促下，奧地利國會議員羅曼楚克 (Iuliian Romanchuk) 同意與波蘭族合作，雙方致力於加里西亞內部的民族和諧。可惜這種合作在十九世紀結束之前終告破滅。

在烏克蘭化一派當中，有一個團體堅決反對和波蘭族壟斷的加里西亞省政府及其支持者合作；他們屬於社會主義分子，在 1890 年組建烏克蘭激進黨 (Radical Party)，呼籲按照社會主義原則改造加里西亞社會。在 1895 年宣言應該將奧匈帝國和俄羅斯帝國邊界之間的烏克蘭人予以統合，並且建立獨立的烏克蘭國家。烏克蘭獨立問題是激進黨成立大會時，由布茲諾夫斯基 (Viacheslav Budzynov'skyi) 首先提出的建議；其後這種構想逐漸

在政治活動分子之間散布，包括十年後德聶伯烏克蘭地區「烏克蘭革命黨」也通過追求烏克蘭獨立的提案。

由於波蘭族和烏克蘭族之間的合作破滅，羅曼楚克和民主民粹分子在 1899 年共同建立「民族民主黨」(National Democratic Party)。該黨意圖透過現存的政治管道，以期達成加里西亞分為兩省的目標。分省是第一個步驟，再來就是將東部加里西亞和德聶伯烏克蘭區合併，建立獨立的烏克蘭國家。相對地，激進黨和 1900 年成立的「烏克蘭社會民主黨」(Ukrainian Social-Democratic Party)，比較著重於從事加里西亞的社會改造，對於追求烏克蘭的統一似乎沒有那麼熱衷。此外，1900 年俄羅斯化一派和「舊的魯迪尼亞人」派共同建立「俄羅斯民族黨」(the Russian National Party)；兩派的政治合作並未長久維持。因為俄羅斯化一派日益顯現對奧地利的敵對態度，並且不反對和波蘭進行合作。但是奧地利和波蘭卻對「舊的魯迪尼亞人」一派相當憎恨。波蘭裔的加里西亞省長波羅史基 (Andrzej Potocki) 和一些波蘭族政治領導人物出於對烏克蘭化運動勢力增強的關切，暗中支持俄羅斯化派系，企圖制衡烏克蘭民族運動。終於，在二十世紀開始，烏克蘭族的政治發展分成兩個方向，一是走中間和左傾路線的烏克蘭化運動；二是俄羅斯化發展路線，同時伴隨著「舊的魯迪尼亞人」勢力的衰退。

波蘭和烏克蘭兩族之間的妥協合作破裂之後，雙方關係也漸趨緊張、惡化。特別是 1907 年奧匈帝國實施普選制之後，當年烏克蘭化派系者在維也納國會獲得二十二席，俄羅斯化派系者獲得

五席。加里西亞省卻仍延續舊的選舉制度，省議會照舊控制在波蘭族手中。烏克蘭族的不滿情緒隨之爆發，在暴動中數名烏克蘭農民死亡。同時，里夫大學的烏克蘭族學生和波蘭族學生發生對抗與罷課鬥爭。1908 年 4 月，一名烏克蘭族大學生習欽斯基 (Myroslav Sichyns'ki) 刺殺省長波羅史基；該學生的審判和監禁持續數年成為兩族學生鬥爭的藉口。

　　東部加里西亞的民族運動也招致嚴重的國際干預。俄國沙皇政府長久接受俄羅斯化派系的觀點，認同加里西亞、布科維納北部和外喀爾巴阡山地區屬於基輔羅斯領地，因此應該重新統一於俄羅斯祖國之內。彼得堡基於這種目標，樂意支持加里西亞任何具有共同目標的人士或組織；包括二十世紀初期新興的、年輕的俄羅斯化派系和團體。

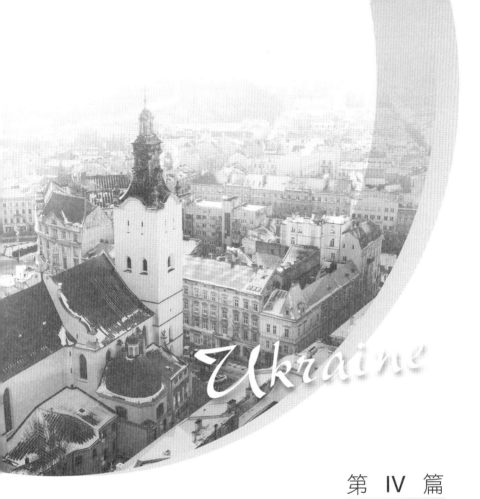

第 IV 篇

二十世紀的烏克蘭

第十一章 | *Chapter 11*

第一次世界大戰

第一節　大戰與西烏克蘭

　　1914 年 6 月，一名塞爾維亞民族主義分子刺殺奧匈帝國繼承人費迪南 (Franz Ferdinand) 大公，事件成為歐洲兩大敵對陣營爆發戰爭的導火線。同年 7 月 28 日，奧匈帝國向塞爾維亞宣戰；俄羅斯迅即在沿著德俄和奧匈－俄國邊界部署重兵備戰。8 月 1 日，德國對俄羅斯宣戰；到 8 月 12 日，所有歐洲國家幾乎都捲入戰火。當時兩大陣營分別是：同盟國 (Central Powers)——奧匈帝國、德國、奧圖曼帝國、保加利亞，協約國 (Entente Powers)——英國、法國、俄國。而後，戰爭範圍逐漸擴大，超過三十個國家參與了第一次世界大戰。

　　在奧匈帝國的烏克蘭人最先受到戰爭影響，然後才是德聶伯河區域的烏克蘭人。1914 年 8 月 1 日，加里西亞一些烏克蘭政黨領袖 (七名民族民主黨人、四名激進黨人和四名社會民主黨人)，

圖 28：第一次世界大戰時在烏克蘭的戰役情形

聚集組成「烏克蘭最高理事會」(the Supreme Ukrainian Council/Holovna Ukrains' ka Rada)。理事會由奧地利國會代表列維次基 (Kost'Levyts'kyi) 和政治活動人士帕福立克 (Mykailo Pavlyk) 帶頭，宣布對奧地利效忠，並呼籲團結對抗俄羅斯。隨後徵求志願軍，創造一支二千五百人組成的「烏克蘭西奇步槍隊」(Ukrainian Sich Riflemen)；該志願軍併入奧地利軍隊，在東戰線對抗沙皇軍隊。戰爭初起時，俄國軍隊迅速攻進奧匈帝國領域，9 月 3 日，占領里夫；兩天後已經推進到桑河 (the San River) 河岸，意味著加里西亞烏克蘭族居住區和布科維納都落在沙俄控制下。戰爭之際，奧匈軍隊對於可能的「俄羅斯間諜」採取報復行動，數千名烏克蘭族的農民、俄羅斯化居民、烏克蘭化人士和東正教信徒慘遭射殺、吊死或關入集中營。隨著戰勢轉變，奧匈帝

國軍隊開始反攻，1915 年 6 月，在德軍協助下，將沙皇軍隊趕出占領區。當俄軍撤退時，加里西亞俄羅斯化的領導者說服了二萬五千多名居民逃往東方，俄國政府將他們遷居於羅斯托夫 (Rostov) 附近。

　　由於加里西亞和布科維納處於戰爭地區，因此當地烏克蘭族的政治活動轉移到維也納。隨著戰爭局勢變化，烏克蘭族的政治要求也跟著提高，雖然還是沒有改變對奧地利的忠誠。維也納同時是從德聶伯河區逃亡的難民中心，以及 「解放烏克蘭聯盟」(Union for the Liberation of Ukraine) 的總部。該聯盟於 1914 年 8 月在里夫成立，接受哈布斯堡政府援助，其解放目標當然不包括加里西亞、布科維納和外喀爾巴阡山區；實際上，該組織負責教育被俘虜俄軍中的烏克蘭人，希望喚醒他們的民族自覺。相對地，來自加里西亞和布科維納的烏克蘭人，在維也納進行政治活動，1915 年 5 月，他們創立了 「烏克蘭總會」 (the General Ukrainian Council/Zaha'na Ukrains'ka Rada)，該團體目標在推動俄羅斯境內的烏克蘭成為獨立國家，以及奧匈帝國境內烏克蘭族居住區的自治權利。

　　1916 年 11 月，奧地利和德國宣稱，將從俄國奪得的土地上，建立波蘭王國；但尚未提到加里西亞省是否併入新的波蘭王國，只是承諾在戰後將合理解決烏克蘭族的自治要求。1917 年底，奧地利國會重新召開時 (戰爭爆發後停止開會)，各民族代表紛紛爭取更大的自治權利；烏克蘭族的國會代表佩土魯謝維奇 (Yevhen Petrushevych) 明白表示烏克蘭族在一個省內繼續隸屬於波蘭人管

圖 29：佩土魯謝維奇

理，是違反了民族權利和民族自決的原則。

1918 年秋，德奧同盟國的失敗已經不可避免時，加里西亞和布科維納的烏克蘭族開始準備應付奧匈帝國的變局。1918 年底，同盟國決定接受美國總統威爾遜提出的十四點民族自決原則；當中包括恢復波蘭國家，及帝國內其他種族的自治權利。在軍中服役的烏克蘭軍官首先對形勢變化作出反應，1918 年 9 月，他們在里夫組織了「中央軍事委員會」，和駐守在布科維納的「烏克蘭西奇步槍隊」進行協調，準備奪取政權。1918 年 10 月 16 日，奧匈帝國皇帝查爾斯（Charles，1916–1918 年在位）了解到帝國行將崩潰時，發表聲明建議將帝國改造為聯邦國家，並呼籲各民族自動進行改革。不過已經為時過遲，聯邦主義無法被各民族接受，各族的目標是走上完全的獨立建國。在聲明發表前四日，加里西亞的烏克蘭族領袖召開會議，計畫舉行烏克蘭制憲會議。10 月 18 日，在里夫舉行 「烏克蘭民族會議」 (Ukrainian National Council/Ukrains'ka Narodna Rada)，選舉佩土魯謝維奇為總統，宣布在奧匈領域內成立烏克蘭國家；這項宣言並未表示脫離奧匈領域，其意思可能還願意成為「聯邦」的一分子。

烏克蘭民族會議宣布對烏克蘭族地區擁有權力，並且在 11 月

1 日命令加里西亞總督投降　（10 月 30 日奧匈帝國向協約國宣布投降）。由於面對帝國軍隊中烏克蘭部隊的壓力，末任總督被迫將省府機構轉交給烏克蘭人。同日，烏克蘭民族會議宣布建國，兩週後，正式對外宣稱其為「西烏克蘭民族共和國」（the West Ukrainian National Republic/Zakhidn'o-Ukrains'ka Narodna Respublika）。共和國名義上的統治地區包括加里西亞（主要是桑河以東地區）、布科維納和外喀爾巴阡山區；實際能夠控制地區只有加里西亞東部地區，布科維納已經被羅馬尼亞軍隊占領，外喀爾巴阡山區屬於匈牙利東北地區數郡的領域。烏克蘭族的獨立行動，立即招致當地波蘭人的反擊，波蘭人一直認為全部加里西亞為其固有領土。當地一些波蘭族組織開始自行武裝，雙方爆發了武裝衝突。

「西烏克蘭民族共和國」的民族會議於 1919 年元月 3 日通過計畫，準備和德聶伯烏克蘭地區的「烏克蘭民族共和國」（the Ukrainian National Republic) 合併；加里西亞派遣代表團前往基輔談判，雙方於元月 22 日宣布兩個烏克蘭共和國合併為單一的烏克蘭國家。1919 年春，加里西亞的局勢更具威脅性，西烏克蘭的部隊改組為加里西亞烏克蘭軍；並且開始回擊波蘭的武裝部隊，包圍了里夫城。算是對 1918 年最後兩個月，西烏克蘭部隊與波蘭武裝部隊衝突失利的報復。不過勝利的果實無法長期占有，西烏克蘭緊接著遭受波蘭正規軍和國際外交方面的雙重打擊。

在國際外交方面，加里西亞烏克蘭和德聶伯烏克蘭都是西方世界不熟悉，甚至不認識的。雖然烏克蘭人派遣自己的代表向巴

黎和會提出備忘錄，居住美國的烏克蘭族同胞也發動對美國的遊說工作，但是無法獲得應有的注意和同情。原因在於波蘭方面的打壓，早在 1918 年初，協約國已經同意戰後讓波蘭復國，並且協助建立波蘭軍隊參與對同盟國作戰。1919 年巴黎和會時，波蘭外交部長帕德瑞斯基 (Ignacy Jan Paderewski) 為西方熟悉的鋼琴家，在和會宣稱任何關於烏克蘭國家問題的構想，是屬於敵人──德國和奧地利的政治陰謀，德奧當時企圖將俄羅斯帝國西部地區分而治之。而且烏克蘭人，按照波蘭外長的說詞，他們都是「布爾什維克黨人」（Bolsheviks，即共產黨人）❶，對歐洲的穩定和協約國家是具有危險性的。雖然和會也曾對在加里西亞的波蘭和烏克蘭軍隊進行停火和調解，但都完全失敗了，因為波蘭拒絕讓加里西亞東部繼續控制於烏克蘭族手中。1919 年 4 月，十萬名訓練精良和裝備齊全的波蘭軍隊進入加里西亞，這支部隊原來在協約國協助下建軍，並且在法國參加了對德國戰爭；調派到波蘭東部的目的是為了防範俄國布爾什維克對西方的威脅。1919 年 7 月中旬，波蘭軍隊已經成功地將烏克蘭人和其政府逐出加里西亞。

當軍事情勢惡化之際，加里西亞的「烏克蘭民族會議」授權總統佩土魯謝維奇獨裁權力，准許總統自行決定「西烏克蘭民族共和國」的政治與軍事政策。敗戰後，佩土魯謝維奇先行撤退到

---

❶ 布爾什維克意思是多數，由於「俄羅斯社會主義民主工黨」分裂為二個派系，多數派，按照俄語音譯為布爾什維克，少數派為孟什維克。1919 年布爾什維克派更名為俄羅斯共產黨，簡稱俄共。

「烏克蘭民族共和國」的領地，由於烏克蘭民族共和國的領導人佩特里尤拉 (Symon Petliura) 主張與波蘭、白俄合作對抗俄國，以及其他問題糾葛，雙方無法真誠合作。佩土魯謝維奇最後於 1919 年底逃到維也納，開始其「西烏克蘭」流亡政府的外交奮鬥與流亡生涯。

第二節　德聶伯烏克蘭與俄國革命

1917 年俄國舊曆 2 月 23 日（西曆為 3 月 8 日），俄國首都彼得堡爆發革命；為了糧食短缺引起的革命浪潮，出現兩個政權機構，一個是勞工和士兵組成的彼得堡蘇維埃（soviet，俄語意即會議），迅速在全俄各地區建立各行政層級的省市、鄉鎮蘇維埃。另一個是由國家杜馬（俄國國會下院）代表組成的「臨時委員會」（臨時政府）。在俄國歷史，稱為「二月革命」。沙皇尼古拉二世 (Nicholas II) 很快在西曆 3 月 15 日，與杜馬代表和俄軍最高司令部人員達成協議，於翌日晨簽署退位詔書，結束羅曼諾夫王朝和沙皇統治。

彼得堡的革命浪潮不可避免地迅速波及德聶伯烏克蘭地區。從 1917 年 3 月到 1920 年 10 月，德聶伯烏克蘭陷入革命激情，烏克蘭人同時數度企圖建立獨立的烏克蘭國家。前後四年之內大致可細分為三個時期：一是 1917 年 3 月到 1918 年 4 月的「中央拉達」(Central Rada) 時期；二是 1918 年 4 月到 12 月的「黑特曼」時期；三是 1919 年元月到 1920 年 10 月的「指導局」(Directory)

政府和內戰時期。當彼得堡革命消息傳到基輔，當地的領導精英立即動員組織，成立新機構，惟恐失去參與政治活動的機會。同時間出現三種機構：臨時政府、蘇維埃和中央拉達。

一、中央拉達

　　1917 年 3 月 17 日，烏克蘭的政黨、社會、文化組織或團體的代表集會，決定成立「中央拉達」，起初是作為全烏克蘭的共同組織和協調中心；並且推選赫魯謝夫斯基 (Mykhailo S. Hrushevs'ki) 為主席，他原是前加里西亞里夫大學教授，1914 年被逮捕，監管於莫斯科。3 月 22 日，中央拉達發表告烏克蘭人民的「呼籲函」，要求烏克蘭民眾遵守秩序。烏克蘭第一個蘇維埃是 3 月 15 日在哈爾科夫組成的；隔日，基輔也成立蘇維埃。臨時政府首先是由基輔的城市官員建議組成的，稱為「聯合社會組織執行委員會」，除了原來沙皇的行政官僚外，一些政黨、民族組織也參與該委員會。烏克蘭臨時政府、蘇維埃和中央拉達三者之間的相互關係並不明確，3 月間，基輔蘇維埃參加了執行委員會，中央拉達也考慮是否參加。而且三者都承認彼得堡臨時政府為合法的中央政府。中央拉達甚至向彼得堡臨時政府發出賀電，並表示希望能准許烏克蘭獲得自治。

　　彼得堡當局當時無法、也無力注意到烏克蘭情勢變化。逐漸地，中央拉達和蘇維埃各自擴大自己的組織到烏克蘭全國地區，並且宣稱自己才是代表烏克蘭的政權機構。中央拉達企圖成為全烏克蘭的最高代表機構，其成員增加到九百名；已經無法經常聚

會，從而設立「小拉達」，成員六十名，作為日常工作的政策決策和立法機構。1917 年 6 月，中央拉達選舉「總書記處」，作為政府內閣機構，選派八至十四名閣員。中央拉達的參與成員主要來自左派政治團體，最大的參與團體是「工農兵蘇維埃的代表」，占中央拉達代表人數的 57%，其次是各種社會主義政黨，占 13%，其中包括少數民族的社會主義政黨。

　　1917 年 5 月中，成立不久的「烏克蘭軍事代表大會」承認拉達為德聶伯烏克蘭的合法政權機構，軍事代表大會是原沙皇軍中的烏克蘭籍軍人召集組建的。中央拉達得到軍方的支持，於 5 月底派出代表團到彼得堡，向俄羅斯臨時政府要求同意烏克蘭成為俄羅斯聯邦國家之內的自治體。臨時政府答覆，需在制憲會議召開之後才能決定。臨時政府同時拒絕准許「烏克蘭軍事代表大會」舉行第二次代表大會。1917 年 6 月 23 日，中央拉達公布第一道命令，宣布烏克蘭為俄羅斯聯邦內的自治領土，要求民眾支付特別稅以應付國家需要。自治宣言獲得全烏克蘭激烈響應，包括當時正在基輔第一次集會的「烏克蘭農民代表大會」。不過，中央拉達的自治宣言被俄羅斯人批判為 「背叛」、「在革命的背後下毒手」。為了避免局勢進一步緊張，俄國臨時政府派遣由克倫斯基 (Aleksander Kerenskii) 率領的代表團到基輔與中央拉達進行談判，雙方妥協結果，中央拉達同意在全俄羅斯制憲會議召開之前，不再對自治問題提出新的要求。在這期間，根據俄國臨時政府的指令，由拉達的「總書記處」統治德聶伯烏克蘭；而且拉達的統治區域僅限於五個省區（沃林、波多利亞、基輔、波勒塔亞與切

爾尼戈夫南部)。

　　1917 年 11 月 7 日，以列寧 (Vladimir Lenin) 為首的俄國布爾什維克黨發動政變，推翻彼得堡的臨時政府。布爾什維克黨的政變立即影響到德聶伯烏克蘭地區的發展，激發基輔臨時政府、中央拉達和蘇維埃三者之間的權力鬥爭。布爾什維克黨人陰謀控制各地的蘇維埃，排擠烏克蘭臨時政府的勢力，另方面和中央拉達發展合作關係。1917 年 11 月 20 日，中央拉達發布命令，首次宣告「烏克蘭民族共和國」的存立。新共和國的領域包括九個前帝國省區：基輔、波多利亞、沃林、切爾尼戈夫、波勒塔瓦、哈爾科夫、卡鐵立諾斯拉夫、赫松和塔立達 (Taurida，包含克里米亞)；但是新共和國並未表示脫離俄羅斯獨立的意思。隨後，中央拉達下令：1.沒收貴族和教會所擁有土地，將之分配給農民；2.實施勞工每日工作八小時制；3.工業國有化；4.賦予少數民族憲法規定的自治權利 (非領土自治)；5.廢除死刑；6.強化地方自治；7.採取具體措施以結束戰爭；8.最後，排定在 1918 年元月 9 日召開烏克蘭制憲會議。

　　彼得堡的布爾什維克政府對於烏克蘭中央拉達擴大其行政領域深表不滿。12 月 17 日中央拉達收到彼得堡的「最後通牒」，要求在四十八小時內終止活動，否則將認為中央拉達處於對抗俄羅斯蘇維埃政府戰爭狀況。德聶伯烏克蘭地區的布爾什維克黨人計畫在 12 月 17 日召開工農兵蘇維埃代表大會，並透過控制大會，發動各地的蘇維埃奪取政權。不過，蘇維埃代表大會雖然如期召開，布爾什維克黨人卻無法控制大會；蘇維埃代表大會拒絕了彼

得堡的最後通牒。布爾什維克黨的代表憤而離開,轉往哈爾科夫,
召開自己的工農兵蘇維埃代表大會。1917 年 12 月 25 日,哈爾科
夫的蘇維埃中央執行委員會組建第一個烏克蘭「蘇維埃政府」,並
宣佈中央拉達為非法;該政府隸屬於彼得堡的布爾什維克政府管
轄,並且開始協助彼得堡以軍事力量征服基輔。同日,俄羅斯蘇
維埃軍隊抵達哈爾科夫,會合當地和附近的紅軍,向基輔出發。
面對俄軍的進侵,中央拉達於 1918 年元月 25 日發布命令,宣布
烏克蘭民族共和國為獨立國家(實際命令於 22 日簽署)。不過,
基輔的布爾什維克分子於元月 29 日發動政變,迫使中央拉達政府
逃亡海外;俄軍則於 2 月 9 日正式接管基輔。

　　此際,俄羅斯蘇維埃政府承諾將結束戰爭,1917 年 12 月,
與德國和奧匈帝國進行談判,雙方代表在布列斯特—里托夫斯克
(Brest-Litovsk) 會談。德奧希望盡快和俄國達成和約,俾便將東戰
線部隊調往西戰線,對抗法國。而且更希望自烏克蘭獲得糧食和
原料補給。因此,歡迎來自烏克蘭中央拉達政府、波蘭、芬蘭和
波羅的海國家的代表團參與談判,這些國家都是新近自俄羅斯爭
取獨立的。雖然俄國代表托洛茨基 (Trotskii) 反對這些前俄羅斯帝
國的成員參與談判,由於列寧強烈要求達成和約,俄國在 1918 年
3 月初與德、奧達成協議。烏克蘭民族共和國則早於 2 月 9 日與
德、奧達成協議。在 2 月簽署和約時,中央拉達已經被驅離基
輔,而且德聶伯河左岸重要城市和據點,都已落入俄國紅軍手中。
因此,中央拉達請求德奧派軍援助,德奧軍迅速進入烏克蘭,於
3 月 1 日攻下基輔。雖然,烏克蘭民族共和國必須仰賴德奧的支

持才能生存；由於農民拒絕繳納糧食，德國方面認為中央拉達無
能為力，因此在 1918 年 4 月 28 日廢黜中央拉達和「烏克蘭民族
共和國」。

二、黑特曼時期

　　此一階段為期最短，只有八個月的壽命。1918 年 4 月 26 日，
駐守德聶伯烏克蘭的德軍參謀長會見前沙皇時代的中將史闊羅帕
基 (Pavlo Skoropads'skyi)，建議由他出任烏克蘭的統治者。德軍
的條件包括：1.接受「布列斯特－里托夫斯克條約」；2.廢止中央
拉達的制憲會議；3.德方接管烏克蘭和解散烏克蘭軍隊；4.烏克
蘭內閣閣員需經德方認可；5.廢除對原料和製造品的出口限制；
6.承認大地主的權利。史闊羅帕基接受了德方開出的條件，代表
烏克蘭的政治色彩由左轉到極右；將中央拉達於 1917 年 11 月關
於沒收地主土地、國有化等措施完全推翻。史闊羅帕基原本是十
八世紀黑特曼斯闊羅帕茲基的後裔，可以說是出身名門，並代表
了德聶伯烏克蘭地區精英階層的利益。

　　1918 年 4 月 29 日，烏克蘭地主聯盟代表大會在基輔召開，
慶賀史闊羅帕基執政，並授予「黑特曼」頭銜。30 日，其自行宣
布為「全體烏克蘭」的黑特曼；其聲明獲得烏克蘭東正教會的支
持。不過，所有左派－中間派系政黨起來反對他成為黑特曼。

　　1918 年夏季，德軍強行徵收糧食並以暴力懲罰不肯合作的農
民；5 月間在基輔開會的烏克蘭農民代表大會向史闊羅帕基提出
抗議。5 月 12 日秘密舉行的第二次全烏克蘭蘇維埃代表大會和 5

月15日召開的烏克蘭社會民主勞工黨都呼籲推翻黑特曼和建立憲政的烏克蘭民族共和國。反對勢力的集結終於組建「烏克蘭民族聯盟」(Ukrainian National Union)。史闊羅帕基意圖和反對勢力談判、合作，但無法獲得回應。烏克蘭農民對德國士兵的攻擊行動日益增加，1918年7月30日，德軍戰區司令葉其霍 (Hermann von Eichhorn) 元帥甚至遭到暗殺。

　　1918年秋季，黑特曼政權的滅亡已經指日可待了；黑特曼的外交部長多羅申可 (Dmytro Doroshenko) 企圖和協約國談判，協約國方面雖然反對布爾什維克，但卻支持在俄羅斯領域內保持烏克蘭的領土完整；意味著協約國反對烏克蘭脫離俄羅斯成為獨立的主權國家。黑特曼政府同時和「烏克蘭民族聯盟」談判，10月底，聯盟五名成員參與了黑特曼內閣。面臨烏克蘭內、外局勢惡化，史闊羅帕基自動改組內閣，積極與協約國家接觸，謀求爭取白俄反布爾什維克勢力的援助。進一步，他公開放棄烏克蘭國家的理想，於11月14日宣布烏克蘭將與非布爾什維克（亦即非俄共政府）執政的俄羅斯組成邦聯。史某的轉向，反而讓「烏克蘭民族聯盟」決心徹底推翻黑特曼政府。民族聯盟領導人維尼欠科 (Volodymyr Vynnychenko) 和佩特里尤拉組建「指導局」，並且獲得同盟國（德、奧）對烏克蘭保持中立的承諾；對俄羅斯方面取得協議，莫斯科將承認「指導局」，條件是需同意讓布爾什維克黨在烏克蘭境內自由活動。

　　1918年11月14–15日，「指導局」發動政變，命令史闊羅帕基和其支持者投降。此際，11月11日德國和協約國簽署停火協

定，結束了第一次世界大戰。駐留在烏克蘭的德軍開始撤走，12月14日棄守基輔。「指導局」政府准許德國人安全返國；19日，史闊羅帕基逃亡到德國，「指導局」宣布重建烏克蘭民族共和國。

三、指導局、內戰與布爾什維克

從1919年初到1920年10月，可謂是烏克蘭最混亂的時期，有些史家甚至稱之為「無政府」時期。烏克蘭領域內各種勢力相互糾纏和對抗、衝突，包括烏克蘭民族共和國的「指導局」政府（勢力）、布爾什維克（共產黨）、農民革命、反布爾什維克的白俄勢力、協約國部隊、西烏克蘭民族共和國和波蘭。1919年元月22日，烏克蘭民族共和國在基輔召開勞工代表大會，給予指導局政府合法執政地位。同時，「烏克蘭民族共和國」和「西烏克蘭民族共和國」在基輔發表統一宣言，象徵烏克蘭土地的統一。實際上，自1918年11月11日，德國和協約國簽署停火協議之後，加里西亞烏克蘭武裝部隊與波蘭部隊隨即爆發戰爭，最後西烏克蘭民族共和國政府和部隊於1919年7月被迫離開加里西亞；該部隊在波多利亞併入佩特里尤拉領導的部隊。波蘭部隊利用俄國內戰之際，趁機進一步占領沃林和波多利亞。1920年4月，佩特里尤拉和波蘭政府簽訂「華沙條約」，承認加里西亞和沃林西部地區屬於波蘭領土，雙方合作對抗俄國紅軍（布爾什維克）。1920年10月，俄羅斯蘇維埃政府和波蘭簽署停火協定，終止雙方的軍事衝突。

1919年和1920年間，烏克蘭農民革命扮演著重要角色。不

論烏克蘭共和國由那個政黨或組織執政，德聶伯烏克蘭地區的土地政策（國有化、私有或沒收地主土地之爭議）始終是一個重要問題。1918 年 4 月，中央拉達的自由派政府被比較保守的黑特曼政府取代時，農民認為該政府支持大地主，在各地開始爆發農民暴動（起義）。1918 年 4 月到 6 月，估計德軍因農民暴動死亡人數約一萬五千名（主要反對占領軍徵糧）。約十萬名農民組建的部隊在指導局支持下，進行反抗游擊活動；後來，當指導局政府無法履行對農民承諾時，這些農民部隊轉向參加布爾什維克的行列。農民部隊的領導者（頭目）自認是查波洛什哥薩克的後裔，對布黨的思想缺乏認識，單純堅持解放農民，免於被地主、民族主義分子、猶太人迫害為其使命自居，後來更演變為反對蘇維埃集體農場政策的流血抗爭。這些農民部隊各自割據一方，劫奪有錢的地主、商人。農民革命過程中，政府官員（包括蘇維埃政府）、猶太人和德國人都成為其殺害對象；在 1919–1920 年之間，對猶太人的「種族屠殺」共記錄了一千二百三十六件，死亡人數估計約三萬五千至五萬人之間（包括其他勢力殺害的猶太人）。

　　1917 年 10 月俄共革命及其片面與德奧同盟國簽署停火協定、俄共的世界革命思想被西方認為是共產主義瘟疫，以及當時協約國企圖開闢東線戰場，遂招致所謂的外國干涉。1917 年底，日本軍隊率先占領海參崴，進入俄屬遠東地區，美軍隨後跟進；部分英國和美國部隊則進入俄羅斯北部地區〔莫曼斯克 (Murmansk) 和阿爾漢格爾斯克 (Arkhangelsk)〕；日本部隊直到 1922 年 10 月才撤離俄境，美國部隊於 1920 年 4 月撤離，最早的

是英國部隊於 1919 年秋季撤出俄境。在烏克蘭地區，由法國遠征軍於 1918 年 12 月占領烏克蘭奧德塞，控制德尼斯特河和德聶伯河兩河出海口之間的黑海海岸，藉以協助白俄軍隊對抗俄共紅軍。當時，烏克蘭民族共和國的指導局政府在 1919 年 2 月布爾什維克軍隊攻擊基輔之前，先行撤離基輔，政府機關分散於其他城市，維尼欠科辭去共和國元首一職，由佩特里尤拉繼任之，同時繼續兼任共和國軍隊司令。

佩特里尤拉的目標是：繼續對抗布爾什維克、與協約國達成協議、與加里西亞的西烏克蘭共和國合作；這三個目標最後都失敗了。在和協約國談判過程中，佩特里尤拉發現西歐大國仍舊以俄羅斯為交涉對象，拒絕承認烏克蘭為獨立自主的國家。而且反抗俄共的白俄將領，包括在頓河區域活動的鄧尼金 (Anton Denikin) 將軍，都抱持俄羅斯大一統的觀念。1919 年 8 月，鄧尼金已經奪取德聶伯河左岸大部分地區，並將蘇維埃政府驅離基輔。白俄的政治構想和行為是：逮捕烏克蘭民族主義分子和布爾什維克支持者，將財源歸還大地主，以及以種族屠殺對待猶太人。這種行為顯然使白俄軍隊無法獲得烏克蘭人民和尋求烏克蘭獨立的指導局政府的支持合作。

俄共革命之初，烏克蘭的布爾什維克黨人同樣在各地進行革命活動，建立各級蘇維埃政府。1918 年 4 月，烏克蘭共產黨〔烏克蘭布爾什維克黨 (CP(b)U)〕建立，仍然隸屬於俄羅斯共產黨，不過黨內派系分裂為：1.主張烏克蘭獨立的左派，要求聯合農民，立即推翻史闊羅帕基領導的黑特曼政府和驅逐德國駐軍；2.主張

國際主義的右派，堅持無產階級勞工的領導，並且聽候全俄羅斯共產黨（莫斯科）的領導指揮。1918 年 11 月，烏克蘭共產黨秘密組成「臨時」蘇維埃烏克蘭政府，向指導局的維尼欠科私下承諾，在史闊羅帕基垮臺後，雙方進行合作並承認指導局的權威。不過，在庫爾斯克 (Kursk) 的蘇維埃烏克蘭政府並未遵守承諾。在 1918 年底迅速展開對指導局的攻擊行動；1919 年元月，蘇維埃政府宣布建立 「烏克蘭社會主義人民共和國」 (the Ukrainian Socialist People's Republic)；2 月，指導局政府被迫撤離基輔。布爾什維克黨進入基輔後，臨時政府再度將烏克蘭改名為「烏克蘭蘇維埃社會主義共和國」(Ukrainian Soviet Socialist Republic)。同年 8 月，鄧尼金的白俄軍隊將蘇維埃政府驅出基輔。1919 年 10 月，俄羅斯紅軍和烏克蘭共產黨展開對白俄軍的反擊作戰，逐步「解放」烏克蘭重要地區和城鎮；1919 年 12 月解放頓巴斯區，1920 年 2 月解放奧德塞。1920 年 5 月，波蘭和佩特里尤拉軍隊攻占基輔，6 月中旬被紅軍驅逐之。1920 年 10 月，俄羅斯蘇維埃和波蘭簽署停火協定，象徵烏克蘭革命終於走到盡頭，德聶伯烏克蘭地區如同沙俄時代，繼續落入俄羅斯的控制下。

第十二章 | *Chapter 12*

蘇維埃烏克蘭

第一節　加入蘇聯

　　1920 年秋，蘇維埃烏克蘭政府在紅軍支持下，已經控制大部分前俄羅斯帝國所屬的烏克蘭領土。當時烏克蘭出現兩種發展趨勢，一種是爭取烏克蘭政治、經濟和文化獨立自主的趨向，另一種則是與俄羅斯融合的趨向。1920–1927 年之間，可謂是烏克蘭追求自主發展的時期；1928–1932 年之間，算是過渡時期，烏克蘭逐漸失去獨立自主的能力，轉向並逐漸與蘇維埃體制（蘇聯）融合；1933–1939 年之間，烏克蘭已經完全走入蘇維埃體制，並且成為蘇維埃社會的一部分。

　　俄羅斯政府和波蘭在 1920 年 10 月簽署的停火協議，以及 1921 年 3 月簽署的「里加 (Riga) 條約」，波蘭方面同意承認蘇維埃俄羅斯和蘇維埃烏克蘭的合法性，不過烏克蘭族居住區的加里西亞東部、沃林西部和波利西亞 (Polissia) 西部，卻仍舊屬於波蘭

領土。蘇維埃烏克蘭表面上係獨立自主的國家，但是在 1920 年
12 月與「俄羅斯蘇維埃聯邦社會主義共和國」簽訂「俄烏聯盟條
約」，烏克蘭的軍事和經濟直接隸屬於莫斯科管轄；烏克蘭的外
交、農業、司法和教育則由基輔自行管理。1922 年 12 月底，蘇
維埃社會主義共和國聯盟　（Union of Soviet Socialist Republics,
USSR，簡稱蘇聯）　成立，烏克蘭成為蘇聯下屬的　「加盟共和
國」，其國家主權和行政權限進一步受到制約和架空❶。

第二節　烏克蘭化運動

　　蘇維埃烏克蘭社會的政治基礎源自於各級的　「工農兵蘇維
埃」❷，並由蘇維埃會議決定政策和產生政府。而共產黨（布爾
什維克黨）實際成為一黨專政的執政黨。1918 年中，烏克蘭的共
產黨黨員人數不超過五千名；1922 年黨員人數增加為五萬六千
名，其中 77% 黨員不是烏克蘭族的。當然，烏克蘭共產黨只是莫

---

❶　1922 年 12 月 30 日成立蘇聯，四個加盟國家包括俄羅斯、烏克蘭、白
　　俄羅斯和外高加索聯邦共和國（後來分開成為阿塞拜疆、亞美尼亞和
　　喬治亞共和國）。其後逐漸擴大為十五個加盟共和國成員組成的蘇聯。
❷　蘇維埃的意思是會議，各級蘇維埃成為各個相屬的地方「議會」，並且
　　由議會開會決定和產生政府，包括司法體系。共產黨以一黨專政，實
　　際掌控各級蘇維埃和政府。布爾什維克黨原意是社會主義民主工黨多
　　數派，由列寧領導的多數派發動俄國十月革命，在烏克蘭地區的布黨
　　相應受到俄國布黨的直接指揮和管轄。

斯科共產黨（俄羅斯共產黨）的分部之一。1923 年 6 月，烏克蘭
共產黨中央委員會通過一系列黨工作決議案，開始所謂的「烏克
蘭化」運動。烏克蘭共產黨希望透過實施烏克蘭化（本土化），強
調發展烏克蘭語言和文化，吸引人民群眾的向心力和對黨的支持，
藉以鞏固共產黨的統治勢力。同年 7 月，邱巴爾 (Vlas Chubar) 被
任命為烏克蘭政府總理，是首位烏克蘭族出身的總理，第一道命
令就是推廣烏克蘭語普及化問題，給予烏克蘭語等同於俄語的地
位。

　　在黨內的烏克蘭化過程，不僅將親烏克蘭的黨幹部安置於領
導職位，同時改變了黨員族群結構，1924 年烏克蘭族的黨員只占
總黨員人數的 33%，到 1933 年提高到 60%。共青團的烏克蘭族
人數也從 1925 年的 59%，提高到 1933 年的 72%。另方面，基於
莫斯科經常直接向烏克蘭各省下達命令，而非經由烏克蘭政府轉
達；因此在 1923 年，烏克蘭政府將全國重新劃分為五十三個行政
區 (okruhy, regions)，1925 年進一步廢除沙俄時代的省區建制，迫
使莫斯科必須直接和烏克蘭政府打交道。

　　隨著戰爭結束，烏克蘭都市重新發展之際，鄉村的烏克蘭族
群大量湧入都市， 1920 年烏克蘭都市人口當中， 烏克蘭族只占
32%；1926 年增加到 47%；1939 年再增至 58%。烏克蘭族的都市
人口增加， 從而降低都市面貌俄羅斯化的現象。 1925 年通過法
律，准許烏克蘭語文通用於政府商業和公共標誌、廣告及其他官
方形式。烏克蘭語出版品更廣泛出現於城市、鄉村地區，1925 年
烏克蘭語報紙共三十一種，占報紙發行量的 21%；1929 年烏克蘭

語報紙共五十四種（俄語報紙二十種，其他語文報紙十一種），占
發行量的 63.5%。1931 年達到高峰，89% 的報紙屬於烏克蘭語。

在教育方面烏克蘭化的成果更為顯著，到 1933 年大學生和教
師人數比戰前增加兩倍，透過成人教育努力消除文盲，1926 年
64% 的烏克蘭人口成為識字人口，42% 的烏克蘭族居民屬於識字
人口；相對於 1897 年識字人口只占 28%。1927–1928 學年，82%
的小學校使用烏克蘭語教學，76% 的學校學生以烏克蘭語為學習
語言。到 1929 年，97% 的小學生進入烏克蘭語學校就讀。中學
方面更為明顯，1922 年只有 1% 的中學以烏克蘭語作為教學工
具，1929 年 66% 的中學校使用烏克蘭語，另有 16% 的中學使用
俄語和烏克蘭語雙語教學。

嚴格說來，烏克蘭化運動是給予烏克蘭共產黨統治合法化的
工具，而且不威脅到蘇聯中央集權的本質。透過烏克蘭化運動，
給予烏克蘭族居民對本土化的認同，以及對蘇維埃烏克蘭的認同。
這種烏克蘭化集中在文化、教育、宗教方面，並未涉及烏克蘭的
政治獨立問題。

第三節　大饑荒與大清算

1928 年烏克蘭開始進入過渡時期，反映了蘇聯政策改變方
向，亦即史達林主義的顯現。這種變化最先表現在經濟層面。在
1918 年 6 月，俄共為了因應戰爭需要和體現執政黨的意識形態，
實施「戰時共產主義」政策，將其控制領域內的工業、運輸、通

訊、金融等行業予以國有化，並宣布土地國有、集體所有政策，強制徵收糧食（以糧代稅）。1921 年 3 月，列寧暫時放棄共產主義政策，宣布實施「新經濟政策」；廢除糧食徵收、放寬對私營經濟管制，准許小型工業企業和商業的私人經營。事實是恢復資本主義制度，給予幾乎窒息的俄國和烏克蘭經濟一個喘息生存的機會。1927 年，蘇維埃烏克蘭的國民總產值 (GNP) 終於恢復到戰前水準。1928 年蘇聯開始實施第一個五年經濟計畫（1928–1932 年），同時終止新經濟政策，恢復實施國有化政策，推行工業化和農業集體化政策。

第一個五年經濟計畫強調集體農業化，第二個五年經濟計畫（1933–1937 年）強調完成工業、運輸業的技術改造，以及實施農業集體化和中央控管制度。第三個五年經濟計畫（1938–1941 年）因二次大戰而中止，其重點在發展烏克蘭的化學和機器製造工業。經濟計畫的推動將烏克蘭轉變為工業化社會，烏克蘭境內建立大型水電站和水壩，1928–1940 年期間，建設了將近四百家大型拖拉機工廠、礦業機器工廠；鋪設約四千公里的鐵路和約一萬公里的快速公路。1937 年烏克蘭的工業產值比 1928 年增加二·四倍。

農業集體化同時是經濟計畫中的重要一環，以農業生產供應重工業建設需要的資金和物資，包括出口農產品以換取進口工業生產設備、以糧食供養日益增加的都市人口（勞工）。1928 年 10 月，只有 3.4% 的農民加入集體農場（只占農業土地總面積的 3.8%）。加速農業集體化成為烏克蘭共黨刻不容緩的任務，第一

個五年計畫本來預定到 1932 年將 12% 的農業土地予以集體化，隨後修正提高到 25%。1929 年 2 月，莫斯科共黨中央決定採取強迫手段加速集體化發展；到 1930 年 3 月，蘇維埃烏克蘭 65% 的農民和 70% 的家畜已經被迫加入集體農場。1935 年 10 月，91.3% 的農民加入集體農場，代表著 98% 烏克蘭的農業土地被集體化了。在推動農業集體化過程，建立「國營農場」和拖拉機站的任務也同時進行；拖拉機站將農業機械和拖拉機租借給集體農場、國營農場。1939–1940 年之間，拖拉機站的數目從四十七個增加到超過一千個（共擁有八萬五千架拖拉機，五萬輛卡車和三萬一千部聯合收割機）。

按照共產黨的觀點，推動農業集體化最大的阻力來自農村的富農 (Kulaks)，鬥爭富農並將之提升為階級鬥爭成為當時共黨重要工作之一。被劃分為富農階級的準則是：個人最低年收入三百盧布（或家庭年收入一千五百盧布）、僱用他人幫忙耕作和擁有農業耕作機械者。根據該準則，1929 年 5 月烏克蘭當時共有七萬一千五百名富農（占農民家庭數的 1.4%）。事實上，當時烏克蘭都市勞工的年收入約在三百至五百盧布之間，作為富農的所得並不算太多。消滅富農的工作開始於 1927 年，首先要求富農繳納重稅；第二年，剝奪教士（僧侶）、前朝（非共產黨統治時期）警察和其他被宣判為反蘇維埃分子等等的選舉權。1930 年元月，莫斯科黨中央正式下令消滅富農階級，將之發配到中亞、西伯利亞和俄屬遠東地區，不少人在遭送途中死亡。到 1930 年 3 月，估計將近六萬二千個富農家庭（約二十五萬人）在烏克蘭地區被消滅了。

消滅富農和強迫實施農業集體化的結果是:爆發史無前例的、人為的大饑荒。1930 年穀物收穫量一千八百四十萬公噸,1931 年減產為一千六百七十萬公噸, 1932 年再減至一千三百七十萬公噸,比兩年前減少四分之一;但是中央規定上繳糧食的數量沒有減少 (每年上交七百萬公噸),莫斯科方面甚至認為農民私藏糧食。1933 年終於爆發大饑荒,根據 1980 年代末的調查研判,當年死亡人數約四百五十萬到五百萬人之間 (占當時烏克蘭總人口約 15%);由於饑荒影響 (疾病、營養不良),前後死亡人數將近一千萬人。

1933 年元月,史達林派遣帕斯提謝夫 (Pavel Pastyshev) 擔任烏克蘭共黨第二書記,負責清除黨內「民族分歧分子」,意即開始清算走烏克蘭化路線的幹部。推動烏克蘭化不遺餘力的烏克蘭教育部長斯克里尼克 (Mykola Skrypnyk) 拒絕承認民族分歧分子的罪名,於 1933 年 7 月自殺身亡。1934 年史達林展開黨內大清算,數百萬黨員、官員被槍決、流放或監禁。1934 年一年,烏克蘭共產黨約十萬名黨員、幹部被清除,從 1934–1938 年約十七萬名黨員遭到清算,占了總黨員人數超過三分之一。

1931–1940 年之間, 烏克蘭語報紙發行量從占 89% 降至占 69%;俄語劇院從九家增加為三十家。烏克蘭東正教在這段時間同樣遭到迫害,估計兩名宗主教、二百六十一名主教、一千一百五十名教士被逮捕或消失於集中營,獲准改造 (接受共產黨領導) 的三百座教堂最後在 1936 年也逃不過關閉的命運。

第十三章 | *Chapter 13*

第二次世界大戰

第一節 「德蘇互不侵犯條約」

　　1939 年 9 月 1 日德國閃電攻擊波蘭，掀起第二次世界大戰；戰爭爆發之前，德國和蘇聯兩國外長於 8 月 19–23 日談判簽署互不侵犯條約（Molotov-Ribbentrop Pact，「莫洛托夫一里賓特洛普協議」），雙方秘密商定瓜分波蘭。9 月 17 日，蘇聯紅軍攻入波蘭，占領白拉路桑 (Belarusan) 和烏克蘭族居住地區。根據德蘇協議，桑河和奔河 (the Buh) 東邊凡屬烏克蘭族居住區均劃歸蘇聯所有，亦即加里西亞東部、波利西亞西部和沃林西部等地區。在紅軍「保護」下，這些地區的烏克蘭居民於 10 月 22 日投票選舉「西烏克蘭國民會議」代表，四天後，選出的代表們集會要求將西烏克蘭併入蘇聯；11 月 1 日，蘇聯政府批准他們的請求，西烏克蘭併入蘇維埃烏克蘭共和國。同日，白拉路桑〔包括部分烏克蘭人居住區的波利西亞和布列斯特一里托夫斯克城市 (Brest-

Litovsk)〕則併入蘇維埃白俄羅斯共和國領域。1940 年 6 月，蘇
聯併吞波羅的海三小國，使之成為蘇聯三個加盟共和國——愛沙
尼亞、拉脫維亞和立陶宛。同月，紅軍侵入羅馬尼亞統治的布科
維納 (Bukovina) 北部和比薩拉比亞 (Bessarabia) 地區；布科維納
北部和比薩拉比亞南部的居民屬於烏克蘭人，併入蘇維埃烏克蘭
共和國；比薩拉比亞北部地區的居民為羅馬尼亞人，與相鄰烏克
蘭的羅馬尼亞族居住地合併，成為蘇聯下屬的莫爾達瓦蘇維埃社
會主義共和國 (Moldavian SSR)。從 1939–1941 年之間，西烏克蘭
地區的波蘭人（包括前波蘭警局和官員、猶太人、以及從德國占
領區向東逃亡的波蘭公民），估計約五十五萬人被迫遣送到西伯利
亞和中亞。

　　桑河和奔河西邊的居民，包括居住在連柯 (Lemko)、切勒姆
和波拉奇亞 (Podlachia) 等地的羅斯人和烏克蘭人；屬於德國（第
三帝國，Third Reich）中央政府的管轄內。當時超過二萬名烏克
蘭人拒絕接受蘇聯統治，從西烏克蘭地區逃到德國占領區。在德
國支持下，在克拉科夫成立「烏克蘭中央委員會」，等同於德國占
領區內的烏克蘭自治政府。1929 年烏克蘭移民在維也納成立了
「烏克蘭民族主義者組織」(Organization of Ukrainian Nationalists,
OUN)，1930 年代該組織在加里西亞的支部專門進行反抗波蘭統
治的游擊運動。德國准許該組織繼續留在占領區內活動。

第二節　「衛國戰爭」

　　1941 年 6 月 22 日，德國開始攻擊並侵入蘇聯領土；柏林的初步目標是：摧毀蘇聯部隊、攻占列寧格勒和莫斯科、占領烏克蘭和高加索地區（烏克蘭是穀倉和煤鐵產區，高加索為石油產區）。羅馬尼亞參加德國的侵蘇戰爭，立即重新奪回布科維納北部和比薩拉比亞地區；根據羅馬尼亞和德國的協議，羅方進一步獲得德尼斯特河和南奔河之間的領土，通稱特蘭斯尼斯特利亞 (Transnistria)，包括黑海岸邊的奧德塞港。

　　德國占領了烏克蘭大部分領域，將占領區分成三個不同性質的區域：一是由第三帝國中央政府直接管理的地區，亦即與蘇聯瓜分波蘭所獲得的地區；二是帝國委託行政區，類似殖民地的管理方式，於 1941 年 8 月 20 日建立；三是軍事地區，即前線作戰區域。一些烏克蘭人歡迎德國的占領是，他們希望藉由結束蘇聯統治，能

圖 30：基輔衛國戰爭博物館廣場上的祖國紀念碑

享受美好的生活和給予烏克蘭某種形式的國家主權。而且德國早在 1940 年初，在奧地利訓練一批烏克蘭族警察，也容許「烏克蘭民族主義者組織」組訓自己的軍隊，參加對蘇聯的戰爭。烏克蘭民族主義者組織於 1941 年 10 月建議在基輔成立「烏克蘭國家會議」(Ukrainian National Council)，作為未來烏克蘭政府的班底；這種動作，讓許多烏克蘭人錯認德國是真正的解放者。

大戰期間，德國當局認為烏克蘭的優良生態環境和農業空間，適合日耳曼人居住。因此有意將烏克蘭轉變為「優秀民族」——日耳曼族的移民居住區，對於區內的次等民族採取壓制手段，甚至對戰俘採取非人道待遇。1941-1944 年間，落入德國手中的蘇聯戰俘五百八十萬人，結果一百九十萬人死亡、一百三十萬人失蹤。1942-1945 年間，德國派遣二百八十萬蘇聯公民前往德國強迫勞動，其中將近二百三十萬人是烏克蘭人（包括非居住在烏克蘭境內的烏克蘭人）。

烏克蘭居民開始反抗德國侵略，最早始於 1941 年夏天；反抗形式包括地方的自衛行為、民族分子對異族侵略的抗爭、蘇聯共黨組織的地下游擊隊抗戰。1944 年初，蘇聯軍隊開始成功地反擊德國侵略軍，德軍撤出德聶伯河右岸地區；同年 4 月德國和羅馬尼亞軍隊撤離特蘭斯尼斯特利亞地區；7 月底，紅軍奪回西烏克蘭地區，進一步進軍跨越喀爾巴阡山，朝向布達佩斯前進；1944 年秋，所有烏克蘭族居住區完全落入蘇聯控制下。

德蘇戰爭（蘇聯稱為衛國戰爭）期間，蘇聯估計損失一千一百萬軍人和七百萬平民的生命；烏克蘭地區是德蘇戰爭重要戰地，

估計四百一十萬名平民和一百四十萬名戰士死於戰場或戰俘營中。在 1941–1942 年間，蘇聯自烏克蘭強迫遣送三百九十萬人到蘇聯東方地區；二百二十萬人則被德國遣送到德國擔任苦役。物質方面的損失：估計超過二千八百五十億盧布❶，遭到損毀的工業企業一萬六千五百家、超過四百個頓巴斯的煤礦坑、六百七十座大中型橋樑、九百個鐵路車站、七百一十四個城鎮、二萬八千個農村，以及幾乎所有的國營農場（八百七十二個）、集體農場（二萬七千九百一十家）和拖拉機站（一千三百個）。基輔市區將近 85% 被摧毀，第二大城哈爾科夫的建築 70% 毀於戰火；一千九百多萬人無家可歸。

---

❶ 1937 年蘇聯規定一盧布等於○‧二二二一六八公克的黃金；以現在幣值計算，約值六萬三千三百一十八公噸的黃金，按照一盎斯黃金四百美元價位（目前超過四百六十美元）計算，共值八千九百二十八億美元。

第十四章 | *Chapter 14*

戰後時期
（史達林到戈巴契夫）

第一節 戰後復原

在德軍撤出烏克蘭之後，蘇維埃政府立刻進行復原建設，鐵路和煤礦——冶金工業屬於首要目標；到 1945 年底，已經恢復了戰前約三分之一的工業生產力。在戰後第一個五年計畫（1946–1950 年）期間，烏克蘭整體的工業恢復到戰前生產水準；集體農場的勞動力仍然十分低落，1946 年的水災導致 1946–1947 年農產歉收，饑荒再度使數十萬農民喪生。1948–1949 年間，西烏克蘭地區實施農業集體化，其粗暴的方式重演了 1929–1933 年在烏克蘭東部所發生的悲劇。部分農民進入森林，採取武裝游擊鬥爭，反抗蘇維埃統治，一直到 1952 年才徹底平息叛亂。

1953 年 3 月，史達林去世後，整個蘇聯的政治氣氛逐漸緩和，繼任的蘇共領導人赫魯雪夫 (M. Khrushchov) 扮演主要角色，關閉一些集中營，被鎮壓拘禁的政治犯獲得釋放返鄉，放寬對農

業的管制、准許農民經營「自留地」(宅旁附屬地可以自行種植和畜牧)。1956 年 2 月,第二十屆蘇聯共產黨代表大會,決議採取和平共處政策,以彈性和務實態度推動對外關係;赫魯雪夫並且在秘密會議上,批判史達林的錯誤,譴責史達林的個人崇拜和專制獨裁。1964 年 10 月,赫魯雪夫由於農業政策失敗 (開發新農地「處女地」失敗) 和對中國友好關係的破裂衝突,突然被迫辭去黨與政府領導職務。 布里茲涅夫 (L. Brezhnev) 接任蘇共總書記,開始長達二十年之久的「停滯時期」。

　　1954 年 2 月,當時赫魯雪夫將克里米亞半島劃歸為烏克蘭領土,讓烏克蘭增加四萬四千平方公里土地和二十六萬八千名居民 (其中烏克蘭人占 22%,俄羅斯人占 71%)。克里米亞半島原住民韃靼人則早在 1944 年 5 月紅軍收復半島後, 全部被發配到西伯利亞和中亞;因為莫斯科認為韃靼人與德國占領軍勾結,採取強迫遣散手段,並且在 1945 年 6 月廢除「克里米亞蘇維埃社會主義自治共和國」行政區,摧毀韃靼族在半島的一切歷史文物、古蹟。然後,以俄羅斯人民的名義,將克里米亞半島當作禮物贈送給烏克蘭人民,表示兩大斯拉夫民族永遠的兄弟情誼。1954 年烏克蘭全年慶祝佩列雅斯拉夫協定三百週年,該協定象徵烏克蘭和俄羅斯的統一,象徵雙方的兄弟關係,也是蘇聯大家庭各民族團結的榜樣。

第二節　異議組織

　　布里茲涅夫當政時期，烏克蘭共產黨前後兩位第一書記表現不同的風格。謝列斯特 (Petro Shelest) 為 1963-1972 年烏克蘭領導人，在蘇聯體系下比較能夠堅持維護烏克蘭的利益；雖然同樣支持克里姆林宮於 1968 年進軍捷克、鎮壓異議分子；但卻盡量爭取烏克蘭的自治權力，向莫斯科中央爭取更多的建設經費和發展計畫。謝列斯特甚至公開維護烏克蘭語言和文化的權利，表示應該寶貝美麗的烏克蘭語。1965 年當時烏克蘭高等教育部長達登科夫 (Iurii Dadenkov)，係謝列斯特的密友，要求在大學擴大使用烏克蘭語。1970 年，謝列斯特在其著作《我們的蘇維埃烏克蘭》一書中，強調烏克蘭自治歷史、哥薩克的進步角色和沙皇對烏克蘭的剝削。 1972 年， 謝列斯特去職， 罪名是對烏克蘭民族主義的「軟」態度和鼓勵經濟上的「地方主義」。

　　繼任的第一書記謝爾比茨基 (V. Shcherbytsky) 是布里茲涅夫早期的工作伙伴；上任後開始清除烏克蘭的民族主義分子，堅守蘇聯共產黨的「俄羅斯化」路線和國際主義意識形態。1973 年將三萬七千名黨員開除黨籍，因為他們可能是謝列斯特的支持者。謝爾比茨基強調烏克蘭經濟重新中央集權的必要，並支持克里姆林宮加大對西伯利亞投資開發的決策，對於烏克蘭的異議分子則是採取不妥協的鬥爭態度。

　　在 1960 和 1970 年代，蘇聯開始出現一些異議分子和異議團

體，公開批評蘇聯共產黨與政府的政策，要求更大的公民、宗教和民族權力。在烏克蘭異議分子的核心團體被稱為「六○年代分子」(sixtiers)，在六○年代起而否定社會主義，要求多元的烏克蘭文化發展自由。其領導分子包括詩人柯士添科 (Lina Kostenko)、西摩念科 (Vasyl Symonenko) 等人。在 1965–1966 年間，烏克蘭異議分子遭到第一波的逮捕和審判，罪名是批判蘇維埃制度。1971–1972 年出現更嚴厲的鎮壓行動，被鎮壓的異議分子不僅私自出版他們的著作，而且一些學者和文化人士也公開站在烏克蘭文化復興的前哨，對抗蘇維埃政府的迫害。第一書記謝列斯特的下臺，與這些「小資產階級民族主義」密不可分，而且招致蘇共中央和新任烏克蘭共產黨領導人擴大對這些餘孽的鎮壓迫害。

第三節　停滯與改革開放

　　二次大戰以後四十年之間，烏克蘭的經濟、社會發展似乎處於停頓狀態。1956–1985 年六個五年計畫實施結果，顯示烏克蘭的工業成長率逐漸降低，1951–1955 年每年平均成長率為 13.5%，1981–1985 年每年平均成長率只有 3%；如果考量到官方數據的可靠性，其真實成長率也許還要低些。在工業成長率逐年穩定下降之際，都市人口卻逐步增加；1959 年烏克蘭族居住於都市的人數占該族總人數 37%，1970 年比重增加為 46%，1989 年增加到占60%。按照 1989 年人口普查資料顯示：烏克蘭全國總人口五千一百四十二萬人，烏克蘭族占 72.7%，俄羅斯族占 22.1%；鑑於少

數民族大多居住於城鎮地區，烏克蘭族都市居民增加，意味著與外族接觸更為頻繁。蘇聯當局對烏克蘭，特別是西烏克蘭地區強力實施俄羅斯化政策，反而讓烏克蘭族群自己提高其族群的認同感；尤其是俄羅斯人傳統上在烏克蘭境內所具有的統治者優勢，更容易使烏克蘭族心懷異念。

1982 年 11 月蘇共總書記布里茲涅夫去世，安德羅波夫 (Yuri Andropov) 繼任之，隨即在 1984 年 2 月病故；年邁多病的契爾年科 (K. Chernenko) 接替總書記職務，也在 1985 年 3 月病亡。戈巴契夫 (M. Gorbachev) 當時是蘇共政治局之中最年輕的人物，年僅五十四歲，被推選為新總書記。上任後，推動蘇聯各項改革，包括「開放」(glasnost, openness)、民主改革和經濟改革；最後導致 1991 年底蘇聯解體。十五個加盟共和國紛紛宣布獨立，成為新興獨立國家。

來自烏克蘭作家協會的知識分子率先回應了戈巴契夫的開放和建設性批判要求，1986 年作家協會代表大會之後，迅速改變協會主要方針，並且積極推動烏克蘭文化和語言的再生。烏克蘭境內陸續出現各種新成立的社會團體、組織，包括政治、經濟、環保和文化議題。1987 年烏克蘭生態環境協會 (the Ukrainian Ecological Association) 和綠世界 (Green World) 要求政府更為嚴格地控制生態環境，並呼籲烏克蘭成為非核國家，以避免類似車諾比 (Chornobyl') 核電站悲劇重演。車諾比事件發生於 1986 年 4 月，嚴重洩露的輻射塵導致三十人死亡，數千人遭到感染，方圓三十公里內數十萬居民被迫遷徙外地。1989 年 2 月謝福欠科烏克

蘭語文協會 (the Taras Shevchenko Ukrainian Language Society) 成立後，率領群眾要求提高烏克蘭語文的地位，並於同年 10 月迫使烏克蘭當局宣布烏克蘭語為國語。

　　群眾組織當中最具影響力的當屬　「烏克蘭重建人民運動」(the Popular Movement of Ukraine for Restructuring，烏克蘭語簡稱 RUKH)，於 1989 年 9 月成立，約二十八萬名成員。該運動承諾堅持烏克蘭的主權獨立，推動烏克蘭語言與文化發展，支持政治、社會和經濟體系的民主化，特別強調維護烏克蘭各族群之間的團結和諧。該運動的興起為烏克蘭開創新的政治氣候，並且與烏克蘭共產黨形成對峙，挑戰共產黨壟斷勢力。烏克蘭的群眾示威、集會或遊行，1988 年初開始出現於西烏克蘭的里夫，人數由五萬人到二十萬人不等，視提出的議題而定。1989 年基輔也隨著出現頻繁的示威、集會。最大一次活動是在 1990 年元月 21 日，由「烏克蘭重建人民運動」贊助，紀念 1919 年「烏克蘭民族共和國」和「西烏克蘭民族共和國」簽署統一協議。約三十萬人手牽手，從里夫連結到基輔，結成長達四百五十多公里的長鏈，象徵烏克蘭的團結。

圖 31：1991 年克拉夫邱克（左）當選為烏克蘭新任總統

圖 32：支持烏克蘭獨立群眾於 1991 年 8 月 25 日走上街頭

第四節　宣布獨立

　　1989 年 9 月，烏克蘭共產黨頭子謝爾比茨基下臺；同時間重建運動公開成立政黨，並且準備參與和支持民主人士在 1990 年 3 月的烏克蘭最高蘇維埃（國會或稱拉達）選舉。選舉結果，代表民主人士的民主集團 (the Democratic Bloc) 在四百五十席位中獲得九十席；雖然共產黨仍然占絕對優勢，但是在民主集團的帶動下，1990 年 7 月 16 日，烏克蘭最高蘇維埃決議宣布烏克蘭為主權獨立國家。同時烏克蘭共產黨第一書記伊凡什科 (V. Ivashko) 引咎辭去黨內外職務，負責意識形態工作的前黨書記克拉夫邱克 (Leonid Kravchuk) 代之被選舉為國會主席，胡連科 (S. Hurenko) 代之出任烏克蘭共黨第一書記。

　　1991 年 8 月 19 日，蘇聯共產黨強硬派發動軍事政變，企圖挽救分崩離析的蘇維埃帝國；但是遭到蘇聯國內外的譴責、抵制，政變隨即告終。可是，進一步維持蘇聯的存續似乎更為渺茫。8 月 24 日，烏克蘭最高蘇維埃一致決議自 9 月 24 日起，烏克蘭成為獨立的民主國家；並且將於該年底舉行公民投票，確認是否應該獨立。1991 年 12 月 1 日，烏克蘭舉行公民投票，絕大多數的選民支持烏克蘭成為獨立民主國家；同時克拉夫邱克也獲選為新任烏克蘭總統。

第十五章 | *Chapter 15*

結　論

　　1991 年烏克蘭宣告獨立，並非表示一切問題、困難均告解決；相反地，開始面臨未曾想像的難題。首先，烏克蘭的工業多屬於「傻、大、粗、笨、黑」的機器、設備，科技層次落後，產品無法在國際市場競爭。烏克蘭的能源主要在水力、核能發電和煤炭，石油與瓦斯仰賴進口。作為前蘇聯第二大（生產力）加盟共和國，境內擁有僅次於俄羅斯的軍事工業集團和龐大的軍事基地、設備和部隊；這些軍工企業和部隊成為烏克蘭嚴重的財政負擔。

　　獨立後，烏克蘭與其他前蘇聯加盟共和國一樣，開始面對經濟危機：激烈的通貨膨脹和生產停擺。1991–2000 年，國內總產值 (GDP) 減少 63%，亦即只剩下三分之一。70% 的居民生活水準滑落到「貧窮線」邊緣或其下。1992 年元月，物價一個月上漲了四倍，1993 年全年漲幅超過一百倍。1994 年 10 月，新任總統庫奇馬 (L. Kuchma) 提出激進經濟改革計畫：包括國有財產私有化、停止對無利潤企業的補助、解除價格管制、減少社會（福利）支

出，以及穩定貨幣。經濟改革的核心是私有化。到 1997 年中，四萬五千家小型企業獲得私有化，占了 90%；但是他們只占國內總產值的 2%。中、大型企業一萬八千家，每家都擁有上千名、甚至上萬名員工，在私有化方面卻毫無進展。經濟衰退，連帶影響人民所得劇烈下降；1995 年平均薪資只有五十五美元，比波羅的海國家的二百美元、俄羅斯的一百四十美元，顯然差距極大。2000 年之後，烏克蘭經濟從谷底逐漸回升；在西方國家和國際金融機構協助下，進行相關改革，但是未來經濟發展仍然是一條漫長的道路。

其次，蘇聯解體和國家獨立，對社會群眾，特別是保守的、一向信奉馬列主義的中、老年階層，幾乎是難以承受的事實。他們的價值觀念遭到摧毀，社會主義被資本主義取代；過去的威權統治被民主政治取代，中央集權的計畫經濟變成自由經濟。這些變革，讓民眾、官僚無所適從。再度的「烏克蘭化」，建立新的以烏克蘭族為主體的共和國，讓其他少數民族陷入不安或混亂。雖然尚未發生過任何公開的種族衝突或糾紛，並未意味不存在隱憂。歷任的烏克蘭總統和政治人物都公開譴責任何形式的民族排外和沙文主義行為，顯示他們極為擔心境內少數民族，特別是俄羅斯族的動態。而且，在 2004 年總統大選時，美國和西方支持西烏克蘭出身（蘇米省）的尤潘科 (Viktor Yushchenko)，俄羅斯則支持親俄的前烏克蘭總理雅努科維奇 (V. Yanukovych)；尤潘科方面不服投票敗選，其支持者發動大規模示威遊行，指責對方作票舞弊。結果國會決定重新投票，尤潘科勝選，擔任新總統。選舉過程，

圖 33：2004 年烏克蘭總統大選，左為尤潛科，右為雅努
科維奇。

顯示烏克蘭東部（俄羅斯族）與西部地區（原波蘭族和親波蘭的
烏克蘭族）不同的政治傾向、不同的宗教勢力（西烏克蘭的東正
教比較傾向梵諦岡）；更直接顯現西方和俄國對選舉的直接干涉，
尤潛科此次選舉被稱之為「橘色革命」(Orange revolution)，橘色
為尤潛科的競選代表色，再加上他受美國和西方國家的支持，故
也被視為西方支持的革命或選舉。前蘇聯其他共和國對於橘色革
命或「有色彩的革命」深具戒心，因為它明白昭示西方國家干預
他國內政的企圖。

　　烏克蘭未來的發展，無論是經濟、社會的穩定，或是政治、
種族的安定，不能完全依賴西方的支持，畢竟資源是有限的、有
距離的。烏克蘭與鄰近國家的關係若無法改善，勢必影響自己的

圖 34：橘色革命的支持群眾

發展和建設。歷史上，基輔曾經是斯拉夫向東擴展的根據地，也是烏克蘭族和俄羅斯族的共同發源地；曾幾何時，俄羅斯成為帝國、老大，烏克蘭淪為邊陲、附庸；從沙俄到蘇維埃，烏克蘭的境遇如同帝國的邊疆外省。現今，烏克蘭獲得獨立自主，發展遠景是可以預期的、絢麗的，時間卻是需要等待的。

　　獨立之後的烏克蘭，其政治發展受到各國的期待及關注，然而改革畢竟很難一蹴可及，有時候也會伴隨著挫折。2008 年，烏克蘭申請加入北大西洋公約組織失敗，除了烏克蘭國民自身反對之外，獨立後的內政不穩及轉型失敗也是俄羅斯以及西歐等國家不願支持烏克蘭加入北約的一大主因。

　　努力尋求國際地位的烏克蘭在 2013 年底受到了更大的打擊，親俄的時任總統雅努科維奇中止了與歐盟簽署的政治以及自由貿易協議，並且隨即強化與俄羅斯的關係，此舉對於好不容易從蘇

維埃體制脫離出來的烏克蘭而言，不啻是一種諷刺。烏克蘭人民發起親歐盟示威運動，旨在成立協調委員會再次與歐盟溝通、要求總統下臺，及釋放這次事件被抓捕的政治犯。

　　示威遊行的同時，2014 年克里米亞則進行公投宣布獨立，並且引起親俄的東部頓巴斯區域要求進行獨立，此舉讓烏克蘭東部的衝突不斷，克里米亞甚至通過公投宣布投入俄羅斯，在內憂外患之下，2015 年 2 月，烏克蘭領導人與白俄羅斯、俄羅斯、法國以及德國的代表在朋斯克舉行會議，簽署《新明斯克協議》，防止烏克蘭東部的衝突。2019 年，烏克蘭喜劇演員澤倫斯基（Volodymyr Zelensky，1978 年～）當選總統，顯示民眾藉由選票表達對原先政府親俄舉動以及克里米亞獨立等狀況的不滿。

　　從親歐盟示威運動、俄羅斯對烏克蘭的軍事干涉、克里米亞歸屬公投等事件，顯示烏克蘭站在西方列強與俄羅斯相互角力的風口浪尖上，在國際局勢的影響之下，烏克蘭能否穩定局面進行改革，並且走出屬於自己國家的道路，考驗著烏克蘭政治人物及人民的智慧。

附 錄

大事年表

987 年	伏拉季米爾大公協助拜占庭鎮壓內部的叛亂。
990 年	伏拉季米爾迎娶安娜公主回基輔；其政治意義是基輔羅斯（以及後來的俄羅斯）成為東羅馬帝國的繼承人。大公本人可能在 988–989 年間受洗，基督教（以後通稱為希臘正教或東正教）成為國教。
1015 年	伏拉季米爾大公去世，四個兒子開始流血鬥爭；1019 年四子雅羅斯拉夫取得基輔統治權，但是仍然繼續與其他親族進行內戰。到 1036 年最終成為基輔公國統治者。
1043 年	雅羅斯拉夫派軍攻擊君士坦丁堡，船隊遇到暴風雨導致慘敗，這是基輔公國最後一次對拜占庭的戰爭行動；1046 年雙方簽署和約，拜占庭皇帝康士坦丁莫諾馬赫 (Konstantin Monomakh) 將女兒嫁給雅羅斯拉夫的兒子扶謝沃洛德 (Vsevolod)，並且遣返被俘的基輔士官兵。
1054 年	雅羅斯拉夫大公於 2 月去世，安葬於聖索非亞大教堂。次子依吉斯拉夫（1054–1078 年在位）繼位為基輔大公，1073 年兄弟之間發生內戰；1078 年依吉斯拉夫大公陣亡。其弟弟扶謝沃洛德（1078–1093 年在位）繼任為基輔大公。
1097 年	羅斯各地的公爵齊集於盧貝奇 (Liubech)，深刻譴責自己的罪行，由於親族間的戰爭，導致外敵有機可趁。與會大公都發誓並親吻十字架，表示決定保持先人分配給各人的封邑，不互相攻擊和侵占其他親族的封邑。同時，盧貝奇會議正式承認加里西亞屬於羅斯奇斯拉夫的兒子瓦西柯 (Vosil'ko) 和沃洛達爾 (Volodar') 所有。沃林屬於伊格爾的兒子大衛所有。

1113 年　莫諾馬赫（1113–1125 年在位）出任基輔大公，算是基輔
　　　　羅斯最後一位明君。死後，公國在內憂外患侵襲下，逐
　　　　漸衰弱。

1169 年　羅斯托夫－蘇茲達爾大公安德列聯合其他十一個公爵的
　　　　部隊攻下基輔，並且洗劫一番。對基輔的攻擊，象徵著
　　　　羅斯國家分裂為烏克蘭和俄羅斯兩個不同的族群。蘇茲
　　　　達爾公國，成為後來莫斯科公國的前身。

1229 年　加里西亞大公達尼洛奪回沃林，1238 年回到哈利奇
　　　　(Halych)，成功統一加里西亞－沃林公國。1239 年，達尼
　　　　洛攻下基輔，派遣將軍迪米特利 (Dmitriy) 統治基輔，這
　　　　位將軍後來成為守護基輔、對抗蒙古韃靼的英雄。

1240 年　12 月，蒙古韃靼攻入基輔，對已經殘破不堪的基輔城作
　　　　最後的一擊。

1246 年　蒙古大汗拔都命令達尼洛到汗國都城薩萊 (Sarai) 覲見以
　　　　表示臣服，大汗同樣命令達尼洛為之搜集賦稅。1254 年，
　　　　達尼洛反抗蒙古韃靼，擊退蒙古的進攻；1259 年，蒙古
　　　　再度進入加里西亞，達尼洛在無外援下，終於臣服。

1264 年　達尼洛病逝，兒子列夫（Lev，1264–1301 年在位）繼承
　　　　之。列夫的兒子由利（Yuriy，1301–1315 年在位）自稱
　　　　是「羅斯國王」。由利死後，兩個兒子列夫二世和安德烈
　　　　一世（1315–1323 年在位）共同統治加里西亞－沃林公
　　　　國。兩位公爵最後雙雙陣亡於與蒙古韃靼的戰爭中。

1323 年　貴族會議選定由利二世（Yuriy II Boleslav，1323–1340 年
　　　　在位）為繼承人。由利二世死後，公國陷入混亂；立陶
　　　　宛占領沃林，波蘭則攻入首都里沃夫 (Livov)。1370–

1387 年，加里西亞被匈牙利統治。1387 年之後，波蘭併吞加里西亞。波蘭統治加里西亞將近四百年之後，於 1772 年易主。

1362 年　自 1340 年代立陶宛占領沃林之後，羅斯境內大小公國逐步被立陶宛併吞，1362 年基輔和佩列雅斯拉夫淪陷；除了加里西亞被波蘭占領外，基輔羅斯在現今烏克蘭境內的領土，完全被立陶宛占有。

1385 年　立陶宛大公雅加拉簽署「克列沃聯合協議」(the Union of Krewo)，成為波蘭國王。新的波蘭國王名為伏拉迪斯拉夫二世 （Wladyslaw II Jagiello，1386–1434 年在位）。烏克蘭成為立陶宛和波蘭共同統治下的領土。

1449 年　克里米亞汗國由拔都的弟弟脫哈‧帖木兒的後裔哈吉格萊 (Haci Giray) 所建立，最盛時期其領域包括克里米亞半島、烏克蘭和俄羅斯南部草原地區 （主要是當時烏克蘭黑海沿岸地區，東至頓河下游，西至德聶伯河下游，向北延伸至坦波夫地區）。汗國隨即成為奧圖曼帝國的附庸國，直到 1783 年被俄羅斯兼併；1787 年汗王薩辛 (Sahin Giray) 逃往奧圖曼並遭出賣、處決。在前後將近三百年之間，克里米亞汗國一直是東歐地區最強大的伊斯蘭國家，遏止俄羅斯進入黑海，並且阻礙波蘭勢力向烏克蘭草原地區擴張。

1552 年　維什聶夫斯基 (Dmitriy Vishnevskiy) 在 1552–1554 年間建立第一個 「西奇」（哥薩克城堡），建在德聶伯河中的一個小島——小霍奇查 (Mala Khortytsia)，發展為該地區的軍事中心，成為西方的 「梁山泊」。

1569 年　　波蘭和立陶宛建立聯合王國，按照「盧布林 (Lublin) 統一
　　　　　　協議」，波拉奇亞 (Podlachia) 和較南方的烏克蘭居民區劃
　　　　　　歸波蘭，成為波蘭行政管理地區。包括：沃林、布拉茨
　　　　　　拉夫 (Bratslav) 和基輔。

1591 年　　第一次哥薩克的大規模起義行動中查波洛什哥薩克頭目
　　　　　　柯辛斯基 (Krystof Kosynsky) 於 1591–1593 年在基輔和
　　　　　　沃林地區領導，其結局是以失敗收場。

1632 年　　華沙國會正式承認東正教會的合法性，容許東正教擁有
　　　　　　自己的教區。

1648 年　　赫梅尼茨基領導的哥薩克起義，1648–1657 年赫某死亡為
　　　　　　止，創造了新形式的「哥薩克國家」。

1654 年　　1 月，赫梅尼茨基召開哥薩克精英會議，決定接受莫斯科
　　　　　　沙皇為烏克蘭的君主（哥薩克國家為莫斯科附庸國）；並
　　　　　　且宣誓向沙皇效忠。雙方陸續簽署的一些文件，通稱為
　　　　　　「佩列雅斯拉夫協定」。

1657 年　　哥薩克國家陷入長期內戰和外來干涉，烏克蘭歷史稱為
　　　　　　「毀滅時期」 (the period of Ruin)，始於 1657 年，終於
　　　　　　1686 年。

1658 年　　9 月，維霍夫斯基和波蘭在海迪亞奇 (Hadiach) 簽署聯合
　　　　　　條約，基輔、切爾尼西夫和布拉茨拉夫三個領地將組成
　　　　　　烏克蘭國家，與波蘭、立陶宛共同組織為聯合王國（邦
　　　　　　聯）。

1663 年　　哥薩克分裂為左岸和右岸兩個勢力（國家）。

1667 年　　1 月波蘭和俄羅斯簽署「安德魯蘇窩 (Andrusovo) 條約」，
　　　　　　波蘭承認沙皇擁有左岸的主權，莫斯科同意波蘭據有右

岸地區。

1686 年	莫斯科和波蘭簽訂永久和平條約，再度瓜分烏克蘭。
1687 年	馬澤巴 (Mazepa) 1687–1709 年任職哥薩克頭目，最後在聯合瑞典軍隊、對抗俄羅斯的戰爭失利後逃亡奧圖曼帝國。
1722 年	彼得堡（俄羅斯帝國新首都）設立「小俄羅斯委員會」(Little Russian Collegium)，由六名軍官組成，駐守在黑特曼（政府）內；1727 年委員會廢除。
1734 年	俄羅斯帝國政府設立「黑特曼辦公室管理委員會」，替代黑特曼的職務，統治左岸「哥薩克國家」。
1772 年	波蘭首次遭到俄羅斯、奧地利（奧匈帝國）和普魯士共同瓜分，結束波蘭對烏克蘭領地的統治。
1782 年	「哥薩克國家」（黑特曼國家）自 1648 年起，至 1782 年宣告終止。
1793 年	波蘭二度遭到瓜分，俄羅斯獲得基輔、布拉茨拉夫、波多利亞和沃林東部等前波蘭領地；1795 年三度瓜分，俄國獲得沃林西部和切勒姆 (Chelm) 東部。
1848 年	第一個烏克蘭政治組織「魯迪尼亞最高會議」(Supreme Ruthenian Council/Holovna Rus'ka Rada) 在加里西亞成立。聲稱烏克蘭人是不同於波蘭人、俄羅斯人的民族。
1863 年	在俄羅斯帝國領域內，禁止使用烏克蘭語文出版宗教和教育用書。
1905 年	廢除在俄羅斯帝國領域內使用烏克蘭語文的限制。
1914 年	8 月加里西亞部分烏克蘭政黨領袖集會組成「烏克蘭最高理事會」(the Supreme Ukrainian Council/Holovna

Ukrains'ka Rada)，並且創設「烏克蘭西奇步槍隊」
(Ukrainian Sich Riflemen)；該志願軍併入奧地利軍隊，參
加奧匈帝國對抗俄羅斯的戰爭（第一次世界大戰）。

1917 年　　3 月 17 日，烏克蘭的政黨、社會、文化組織或團體的代
表集會，決定成立「中央拉達」；6 月，中央拉達選舉「總
書記處」，作為政府內閣機構，選派八至十四位閣員。

11 月 7 日，以列寧為首的俄國布爾什維克黨發動十月（俄
舊曆）革命。11 月 20 日，中央拉達發布命令，首次宣告
「烏克蘭民族共和國」的存立。

1918 年　　4 月 28 日中央拉達和「烏克蘭民族共和國」被廢黜。
加里西亞的烏克蘭族領袖於 10 月 18 日，在里夫舉行「烏
克蘭民族會議」(Ukrainian National Council/Ukrains'ka
Narodna Rada)，選舉總統，宣布在奧匈領域內成立烏克
蘭國家。

11 月 1 日，烏克蘭民族會議宣布建國，兩週後，正式對
外宣稱其為「西烏克蘭民族共和國」
(the West Ukrainian National Republic/Zakhidn'o-Ukrains'ka
Narodna Respublika)。

1919 年　　1 月 22 日，基輔召開勞工代表大會，給予指導局政府合
法執政地位。同時，「烏克蘭民族共和國」和「西烏克蘭
民族共和國」在基輔發表統一宣言，象徵烏克蘭土地的
統一。

1919 年初到 1920 年 10 月，烏克蘭陷入無政府時期；
1920 年 10 月，俄羅斯蘇維埃和波蘭簽署停火協定，象徵
烏克蘭革命走到盡頭，德聶伯烏克蘭地區，繼續落入俄

羅斯的控制下。

1921 年　　　3 月波俄簽署的「里加 (Riga) 條約」，波蘭承認蘇維埃俄羅斯和蘇維埃烏克蘭的合法性。

1922 年　　　12 月底，蘇維埃社會主義共和國聯盟 （USSR，簡稱蘇聯）成立，烏克蘭成為蘇聯下屬的「加盟共和國」。

1930 年　　　1930 年代，烏克蘭先後爆發大饑荒和大清算。

1939 年　　　簽署「德蘇互不侵犯條約」(Molotov-Ribbentrop Pact)；11 月，西烏克蘭併入蘇維埃烏克蘭共和國。

1941 年　　　6 月 22 日，德國開始攻擊並侵入蘇聯領土。

1954 年　　　2 月，赫魯雪夫將克里米亞半島劃歸為烏克蘭領土。

1986 年　　　4 月，車諾比 (Chernobyl') 核電站災變。

1989 年　　　10 月烏克蘭當局宣布烏克蘭語為國語。

1991 年　　　8 月 19 日，蘇聯共產黨強硬派發動失敗的軍事政變。
　　　　　　　8 月 24 日，烏克蘭最高蘇維埃決議自 9 月 24 日起，烏克蘭成為獨立的民主國家；12 月 1 日，烏克蘭舉行公民投票，選民支持烏克蘭成為獨立民主國家；同時克拉夫邱克也獲選為新任烏克蘭總統。

1994 年　　　庫奇馬 (L. Kuchma) 當選烏克蘭總統；烏克蘭參加北約的「和平夥伴關係」計畫。

1996 年　　　6 月 28 日，烏克蘭國會 （Verkhovna Rada 最高拉達，舊稱最高蘇維埃）通過新憲法。

1999 年　　　11 月 14 日，庫奇馬連任烏克蘭總統，30 日就職；12 月 3 日，庫奇馬命令廢除集體農莊。

2002 年　　　8 月，庫奇馬總統提議修改憲法，將「總統－議會制」改為「議會－總統制」，即由原來的總統有權提名任命總理

（需經國會同意），改變為由國會多數黨派組閣和推選總理，並且擴大地方自治權限。修憲草案經國會初審後，送交「憲法法院」審查。2004 年 12 月，烏克蘭國會最後批准憲法修正案；規定自 2006 年元月實施之。

2004 年　10 月 31 日，烏克蘭舉行獨立後第四任總統選舉，二十四名候選人參選，由於無人獲得過半數投票；由前兩名進行二輪投票。11 月 21 日，「我們的烏克蘭聯盟」主席尤潛科 (Viktor Yushchenko) 和當時的總理雅努科維奇 (Viktor Yanukovych) 角逐總統寶座，前者以些微差距敗選；但是尤潛科指責對方舞弊作票，拒絕承認敗選，掀起群眾抗爭。最後在西方國家調停下，烏克蘭國會宣布重新舉行投票。12 月 26 日，重新投票結果，尤潛科獲得 51.99% 選票，雅努科維奇獲得 44.2% 選票。新當選總統尤潛科於 2005 年 1 月 23 日宣誓就職。此次烏克蘭總統選舉，被媒體稱為代理人戰爭或稱為 「橘色革命」 (Orange revolution)，親美的尤潛科 （以橘色為競選旗幟顏色） 擊敗親俄的雅努科維奇。

2008　烏克蘭申請加入北約失敗。

2013　11 月 21 日，總統雅努科維奇中止與歐盟簽署的政治和自由貿易協議，強化與俄國的關係。

2014　1 月 17 日，頒布新法禁止所有形式的抗議活動，引發人民舉行示威抗議，據統計，約有一百多人死亡，近兩千人受傷。

2 月，烏克蘭東部親俄的頓巴斯地區受到俄羅斯的支持，與烏克蘭爆發衝突。

3月，俄羅斯併吞烏克蘭克里米亞。克里米亞舉行脫離烏克蘭的公投通過並加入俄羅斯。

4月，烏克蘭東部的親俄地區要求進行公投，攻占政府部門，成立獨立政權「頓內次克人民共和國」以及「盧干斯克人民共和國」。

9月，《明斯克協議》。

2015　2月，烏克蘭領導人與白俄羅斯、俄羅斯、法國以及德國的代表在明斯克舉行會議，簽署《新明斯克協議》，防止烏克蘭東部的衝突。

2019　烏克蘭喜劇演員澤倫斯基當選總統，民眾藉由選票表達對原先政府親俄舉動以及克里米亞獨立等狀況的不滿。

2020　1月，烏克蘭國際航空752號班機空難。班機原訂從伊朗德黑蘭飛往烏克蘭基輔的航程當中，受到伊朗革命衛隊人為誤射的兩枚飛彈擊中，造成多人喪生，引起後續的抗議活動。

7月，發生盧茨克人質危機，嫌犯挾持巴士與13名乘客並進一步要求與總統澤倫斯基對話，主要訴求為提倡動物權利紀錄片《地球上的生靈》，事後經過協商與談判，無人員傷亡。

2021　4月，烏克蘭東部因為衝突導致與俄羅斯的關係更加緊張，邊界出現大量軍隊。對此，烏克蘭總統不斷呼籲加速烏克蘭加入北約的申請，此舉則又引起俄羅斯方面質疑北約不斷擴張的目的。

2022　2月24日，烏俄東部紛爭調停失敗，俄羅斯入侵烏克蘭。

參考書目

克柳切夫斯基著，張草紉、浦允南譯，《俄國史教程》（第一卷）（北京，商務印書館，1992 年）。

Anna Reid, *Borderland: A journey through the history of Ukraine* (Boulder, Colorado, Westviewpress, 2000).

Gumilev, L. N.（顧米廖夫），*Ot Rusi k Rossii*（《從羅斯到俄羅斯》）。

Orest Subtelny, *Ukraine: A History* (Toronto, University of Toronto Press, 2000).

И. А. Заичкин, И. Н. Почкаев; *Русская Истоия* (Популярный очерк IX－середина XVIII в) (Москва, Мысль, 1992)（《俄羅斯史》）（普及版，九世紀至十八世紀中葉）。

И. Л. Галинская ред., *Самосознание России－Древняя Русь и Московское государство, Антология* (Москва, ИНИОН РАН, 1999)（《俄羅斯的自覺——古代羅斯與莫斯科國家》），選集。

Н. И. Костомаров, *Русская История в жизнеописаниях ее главнейши х деятелеи* (Москва, Мысль, 1991)（《俄羅斯史——對其重要活動者的敘述》）。

Михайло Грушевський, *Історія України* (Кишв, Ли, шдь, 1992)（《烏克蘭史》）（烏克蘭文版）。

Paul Robert Magocsi, *A History of Ukraine* (Seattle, University of Washington Press, 1998).

S. G. Pushkarev, *Obzor Russkoy Istorii* (New York, Rausen Bros, 1953)
（《俄羅斯歷史觀察》）。

Георгия Конискаго, Архиепископа Ъьлорускаго, *История Русовь
или Малой России* (Львшв, Атлас, 1991)（《羅斯史》）（或稱為《小
俄羅斯》，此為烏克蘭文版，原著為舊俄文版，出版於 1846 年）。

網站資訊

http://www.ukrexlibris.com/ 烏克蘭電子圖書館

http://www.brama.com/ukraine/history/index.html 烏克蘭歷史大事記

http://www.ourroots.ca/e/toc.asp?id=1563 加里西亞與布科維納 (Bukovina) 研究手冊

http://www.personal.ceu.hu/students/97/Roman_Zakharii/galicia.htm 加里西亞歷史和風景、史蹟介紹

http://www.artukraine.com/histgallery.htm 烏克蘭歷史古蹟解說

http://www.bizukraine.com/history.htm 烏克蘭歷史網站介紹

http://www.uahistory.cjb.net/ 烏克蘭著名歷史學者電子書籍

http://www.history.org.ua/jornal/contents.htm 烏克蘭國家科學院歷史研究所「烏克蘭歷史雜誌」網站

http://www.history.univ.kiev.ua/ 基輔大學歷史學系網站

http://www.infoukes.com/history/ 加拿大烏克蘭裔之烏克蘭史網頁部分

http://members.tripod.com/~sensna/ukraine/ 烏克蘭大學生西尼諾 (Sergey Sinilo，1998 年畢業於哈爾科夫「文化學院」，專攻歷史博物館學) 的烏克蘭史網頁

http://litopys.narod.ru/index.html 俄羅斯和烏克蘭歷史、文化、大事記等多種著作選輯

http://history.franko.lviv.ua/yak_content.htm 雅科維柯的烏克蘭史著作

圖片出處 ： 2: © Charles O'Rear/Corbis; 3: © Sinan Anadol/Images & Stories; 5, 15, 20: © Mary Evans Picture Library; 6: © Aurora; 21: © Topfoto/Novosti; 23: © Dean Conger/Corbis; 25, 31: © Reuters; 27: © Robert Wallis/Corbis; 28: © Bettmann/Corbis; 30, 34: © Shutterstock; 32: © AFP; 33: © Medzik Anatoly/Itar-Tass/Corbis

國家圖書館出版品預行編目資料

烏克蘭史：西方的梁山泊／王承宗著.－－二版一刷.
－－臺北市：三民，2022
面；　公分.－－(國別史)

ISBN 978-957-14-7291-1 （平裝）
1. 烏克蘭史 2. 歷史

748.752　　　　　　　　　　　　110014839

國別史

烏克蘭史──西方的梁山泊

作　者	王承宗
發 行 人	劉振強
出 版 者	三民書局股份有限公司
地　址	臺北市復興北路 386 號 (復北門市) 臺北市重慶南路一段 61 號 (重南門市)
電　話	(02)25006600
網　址	三民網路書店 https://www.sanmin.com.tw
出版日期	初版一刷 2006 年 10 月 二版一刷 2022 年 4 月
書籍編號	S740520
ＩＳＢＮ	978-957-14-7291-1

三民書局

波蘭史——譜寫悲壯樂章的民族

十八世紀後期波蘭被強鄰三度瓜分，波蘭之所以能復國，正顯示波蘭文化自強不息的生命力。二十世紀「團結工會」推動波蘭和平改革，又為東歐國家民主化揭開序幕。波蘭的發展與歐洲歷史緊密相連，欲了解歐洲，應先對波蘭有所認識。

捷克史——波希米亞的傳奇

位處歐洲心臟地帶的捷克，深受日耳曼和拉丁文化勢力的影響，也是傳統歐洲與斯拉夫世界的橋樑。二次大戰後捷克陷於蘇聯的鐵幕之下，1968年的布拉格之春喚起捷克沉睡的靈魂，而1989年的絲絨革命，終為捷克的民主化開啟新頁。